A História dos Eletricistas da Física

(1574-1827)

André da Paixão Gomes

Bruno de Souza

Gabriel da Cruz Dias

SUMÁRIO

1. Introdução

Os livros didáticos, na maioria das vezes, apenas enfatizam os resultados obtidos na ciência, geralmente na forma de teorias, conceitos, técnicas e entre outros, mas pouco se enfatiza sobre o processo de desenvolvimento destes conhecimentos no decorrer da história.

Além disso, a história na física também possibilita ao leitor se colocar na posição do cientista na época em que realizou determinadas contribuições, o que pode ajudar a compreender quais conceitos eram vistos como algo intuitivo na época, mas que hoje são vistos como improváveis, e o porquê dessa diferença entre os períodos históricos, o que pode auxiliar na compreensão de conhecimentos científicos atuais (QUINTAL e GUERRA, 2009).

A realização deste trabalho se justifica pelo fato de que a história por trás dos conhecimentos físicos ser fundamental, pois nos possibilita entender como estes conhecimentos foram desenvolvidos, quais os fatores que levaram a determinadas contribuições no meio científico e quais questões existiam durante cada período histórico, e que necessitavam de respostas, acarretando assim em novos conhecimentos, o que na maioria das vezes levava a uma contradição ou complementação de conhecimentos prévios, para que novos fossem desenvolvidos.

Dessa forma, a proposta deste trabalho é desenvolver um material de cunho histórico que pode ser utilizado como forma de apoio para o ensino da eletricidade além de auxiliar em futuras pesquisas quanto ao tema específico referente à história da eletricidade.

Através das pesquisas realizadas quanto ao desenvolvimento histórico dos conhecimentos referentes à eletricidade, poucos materiais foram encontrados em língua portuguesa, sendo a maioria dos artigos já desenvolvidos, relatados de modo a trabalhar com um único nome contribuinte para os conhecimentos históricos, tal como William Gilbert, Francis Hauksbee e entre outros.

Durante a realização da mesma, embora houvessem fontes originais disponíveis no "Internet Arquive[1]", nenhuma delas era traduzida na língua portuguesa,

---

[1] É uma organização sem fins lucrativos, sustentada a partir de doações, tendo como proposito manter um arquivo de recursos multimídia, além de muitos documentos salvos no site, tais como livros, sites, vídeos, imagens e entre outros.

e devido o curto de tempo para realizar as devidas traduções destes documentos, a pesquisa foi realizada apenas com base em artigos, monografias e revistas encontradas na internet. Inicialmente foram recolhidos todos os materiais possíveis, relacionados aos grandes nomes da história da eletricidade, para que estes documentos pudessem ser organizados por ordem temporal de contribuição em meio ao seu contexto histórico.

Em seguida, foram retirados os materiais que não continham informações aprofundadas, enquanto o restante foi separado por idioma, para que assim os materiais pudessem ser analisados. Desse modo, as informações presentes em todos os materiais disponíveis até o momento foram comparadas, no intuito de se evitar a presença de mitos e informações falsas. Após a comparação dos dados, caso as informações obtidas em mais de um documento fossem coincidentes, elas eram tomadas como verídicas.

No decorrer da leitura deste trabalho, serão utilizadas nomeações como fluido elétrico ou fogo elétrico, visto que no decorrer da história, pela falta de denominação para o nome eletricidade, estes nomes foram utilizados. A Figura 1 apresenta a linha do tempo referente aos grandes nomes da história da eletricidade que serão apresentados nesse trabalho.

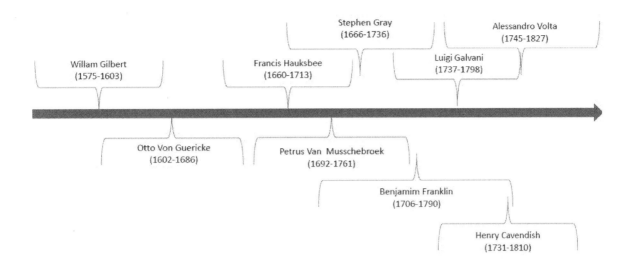

Figure 1: Linha do tempo da história dos eletricistas (1575 – 1827)

2. O Desenvolvimento

Embora os estudos mais aprofundados quanto às propriedades elétricas tenham surgido com o desenvolvimento das máquinas eletrostáticas no século XVII, abordaremos neste trabalho a história por trás do desenvolvimento de conhecimentos relacionados à eletricidade a partir do surgimento das contribuições de alguns cientistas antes do desenvolvimento das máquinas eletrostáticas, de modo a apresentar um estudo sobre o desenvolvimento do conhecimento científico na área da eletricidade, visando desenvolver um trabalho que de certo modo auxilie na execução de futuras pesquisas a serem realizadas, visto que a existência de materiais históricos relacionados a história da eletricidade, onde são relacionados vários dos grandes nomes contribuintes são encontrados de forma escassa, ou até mesmo esquecidos.

2.1. Os Eletricistas

Mesmo que os fenômenos elétricos já fossem conhecidos desde a antiguidade, ao se atritar o âmbar, atraindo assim objetos leves, o estudo de tais fenômenos ainda era algo recente durante o início do século XVIII.

Contudo, tais fenômenos passaram a chamar a atenção não apenas de pessoas incluídas ao meio cientifico, como também do público que não estava envolvido com tais estudos. Os fenômenos elétricos tornaram-se uma forma de entretenimento para diversas pessoas, principalmente aquelas de elevada classe social, bem como senhores e senhoras aristocratas que se deleitavam com as pequenas faíscas, sentindo o cabelo arrepiar, atraindo pequenos objetos até seus corpos, sentindo pequenos choques entre outras experiências que envolviam a eletricidade, que por falta de melhores formas de nomeá-la na época, foi chamada por muito tempo de fogo elétrico.

Tornou-se comum durante a época, professores itinerantes realizarem demonstrações de experimentos referentes ao fogo elétrico, tanto em praças públicas quanto em salões frequentados pela aristocracia, o que difundia cada vez mais a ciência natural. Aqueles que ganhavam fama realizando tais experimentos recebiam o nome de eletricistas, sendo famosos principalmente na Inglaterra, na França, na Holanda e na Alemanha.

Na era do Iluminismo, os estudos de eletricidade eram vistos pela filosofia experimental como um dos ramos mais promissores. Os fenômenos em maioria eram realizados principalmente em locais escuros, para tornar ainda mais visível as pequenas faíscas liberadas nos experimentos.

Com a popularização dos fenômenos elétricos, muitos eletricistas estudiosos realizaram diversas pesquisas em torno das propriedades elétricas, o que através de novos experimentos, foi se tornando cada vez mais popular, o que tornava a filosofia natural cada vez mais valorizada.

2.2. William Gilbert (1575-1603)

William Gilbert nasceu em 1574, na cidade de Colchester na Inglaterra, no condado de Essex, sendo o filho mais novo de Jerome Gilbert e Elizabeth Coggesshall. Sendo pertencente a uma família pseudo aristocrata, Gilbert teve acesso a boas instituições de ensino, estudando no St. Jhon College, em Cambridge no ano de 1588, recebendo o título de Bacharel em Artes em 1562, de Mestre em Artes em 1564 e de doutor em Medicina em 1569, vindo a se tornar presidente do Colégio Real de Médicos por meio de recomendações. A posição adquirida por Gilbert no ramo da medicina exigia um apoio não apenas da faculdade da qual ele havia ingressado, como também de nobres poderosos na época.

A posição adquirida foi obtida principalmente devido ao trabalho médico que ele realizou para pessoas importantes, tais como Robert Dudley, conde de Leicesterm, William Cecil, Lord Burghley, para rainha Elizabeth I em 1600 e pouco tempo depois para o rei James I, para quem permaneceu trabalhando até o dia de sua morte em 30 de novembro de 1603 (GUIMARAES, 2000, p. 74).

Figura 2. William Gilbert

Fonte: Gordejuela (2018).

No mesmo ano em que passou a trabalhar como médico pessoal da rainha Elizabeth I, Gilbert sistematizou alguns conhecimentos preestabelecidos quanto ao estudo das propriedades elétricas e magnéticas (que até o momento eram vistas como uma mesma propriedade), e publicou seu livro intitulado *De magnete Magneticisque*

Corporibus, et de Magno Magnete Tellure; Physiologia Nova, Plurimis & Argumentis, & Experimentis Demonstrata, baseado em observações realizadas pelo mesmo.

Na concepção de Gilbert, após realizar suas análises, a Terra se comportaria como um grande ímã, explicando os efeitos observados na bússola, o que veio a ser sua maior contribuição para o campo da ciência, inaugurando uma nova metodologia voltada para o estudo de fenômenos magnéticos[2]. Durante a época em que Gilbert viveu, os fenômenos elétrico e magnético eram vistos como inteiramente iguais. Uma das contribuições de Gilbert que marcaram seu livro foi à sistematização que ele fez de conhecimentos prévios, diferenciando ambos os fenômenos, e estabelecendo uma nova metodologia para o estudo da eletricidade.

Em seu livro, Gilbert relata as diferenças observadas entre os fenômenos elétricos e magnéticos, relatando características como: não existir repulsão entre corpos elétricos. A repulsão elétrica que era vista como inexistente, foi observada anos depois por Otto von Guericke, que corrigiu esta afirmação de Gilbert, como será visto posteriormente neste trabalho.

Corpos elétricos ao serem atraídos tinham uma variação em sua velocidade; substâncias magnéticas seriam repelidas mais lentamente do que atraídas quando colocadas com seus polos iguais frente a frente; a atração elétrica diminuía em dias nublados, levando-o a indagar que a umidade do ar permitia uma condução mais fácil do fluido elétrico, (ou seja, permitindo um escoamento deste); as características magnéticas eram perdidas quando o material era aquecido, e recuperada quando este era resfriado; os materiais de formato circular possuíam um efeito mais fraco se comparados a materiais magnéticos de formato retangular; que ao fissionar um ímã em duas partes, as duas se tornavam novos ímãs com campos magnéticos nas mesmas posições iniciais do ímã antes da divisão; e por fim, que corpos magnetizados se alinhavam na direção dos polos magnéticos do planeta (norte e sul), característica que tornou a bússola um dos instrumentos mais importantes da história, sendo de extrema importância para os navegadores, que utilizavam para sua localização nos mares.

---

[2] Não foram encontrados muitos dados referentes ao que incentivou Gilbert a realizar suas pesquisas, o que tornou á análise um pouco escassa. Contudo, sabe-se que Gilbert aprendeu muito sobre a importância da bússola e suas propriedades magnéticas ao entrar em contato com famosos marinheiros, tais como Sir Frances Drake (1563-1596) e Sir Thomas Cavendish (1560-1592).

Gilbert fez suas análises quanto às propriedades elétricas aplicando seus efeitos sobre uma agulha comum não magnetizada, que era montada em um eixo, como pode ser observado na figura abaixo. O aparelho foi nomeado por ele como *versorium*, que significa girar no latim.

Figura 3. Versorium

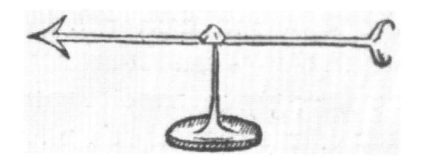

Fonte: JACINTO (2017).

O *versorium* foi o primeiro experimento desenvolvido especificamente para o estudo de fenômenos elétricos. Este aparelho consiste em uma haste metálica muito leve com o formato de uma flecha, sustentada por um alfinete em seu centro, permitindo que a haste gire em torno de seu eixo ao ser aproximado de um objeto eletrizado.

É importante ressaltar que Gilbert não utilizou apenas o âmbar, que era uma substância que desde sempre foi associada a fenômenos elétricos. Além disso, mesmo que Gilbert tenha feito suas análises com base em uma sistematização de conhecimentos prévios, ele repudiou grande parte dessas informações, pois eram em geral cópias de informações que haviam sido obtidas por puro raciocínio, sem o uso de nenhuma experimentação, e para Gilbert, as pesquisas científicas deveriam ser provadas através de análises experimentais, e não apenas com base na razão.

Em sua obra, Gilbert nega a crença de que o planeta permaneceria imóvel no centro do universo, indagando que se fosse assim um dos lados do planeta congelaria devido a falto de não estar em contato com a luz do Sol. Contudo, um fato curioso é que assim como o Heliocentrismo[3] de Nicolau Copérnico não foi inicialmente aceito

---

[3] É a teoria que descreve o movimento da Terra e dos outros corpos celestes em torno do Sol, sendo fortemente defendida pelo próprio William Gilbert, embora ele não tivesse tanto conhecimento quanto a

(1473-1543), a proposta de Gilbert de que a Terra seria um grande ímã também sofreu fortes negações.

Gilbert também expande a característica magnética do nosso planeta para outros corpos celestes, propondo que não apenas a Terra apresentaria propriedades magnéticas, sendo uma ideia que influenciou grandes nomes da história, tais como o alemão Johannes Kepler (1571-1630), que englobou em sua obra a hipótese heliocêntrica de Nicolau Copérnico e dos dados astronômicos de Tycho Brahe (1546-1601).

Em suas investigações, Gilbert não utilizava da matemática, pois para ele, os cálculos matemáticos não poderiam representar completamente as propriedades físicas, o que somado ao fato de seu trabalho não possuir tantas observações qualitativas, lhe rendeu fortes críticas (GUIMARAES, 2000, p. 77).

Duas características podem ser observadas quanto ao método de pesquisa utilizado por Gilbert, que foi relatado em seu livro: primeiro que, se os conceitos obtidos para uma dada explicação estão errados, é necessário raciocinar a partir de fenômenos observados, e segundo, que para determinadas análises, Gilbert fez uso de analogias entre modelos experimentais e objetos reais, tal como a relação entre a *Terrela* e o próprio planeta Terra, quanto as suas prioridades magnéticas.

Após a morte de Gilbert em 1603, o que provavelmente tenha sido devido à peste negra, seus instrumentos, tais como pedras magnéticas, livros, objetos de ferro, entre outros, foram doados ao Colégio Real de Médicos, mas foram infelizmente perdidos após o incêndio de Londres em 1666.

---

cosmologia.

2.3. Otto Von Guericke (1602-1686)

Otto von Guericke nasceu em 20 de novembro de 1602 segundo o calendário antigo, sendo herdeiro de uma antiga família patriarcal de Magdeburg. Devido à condição de sua família, Guericke teve acesso a boas instituições de ensino no decorrer de sua vida. Durante sua formação, Guericke Guericke estudou na faculdade de Artes Universidade de Leipzig, em Helmstedt na Academia de Julia, em 1617, nas universidades de Jena em 1621 e logo depois Direito e Matemática Leiden, além de técnicas de fortificação, passando a trabalhar como engenheiro. Após isso, continuou sua formação na França e na Inglaterra, e retornou para sua terra em 1624, onde se casou com Margarethe Alemann. No mesmo ano, Guericke foi admitido na Câmara Municipal de Magdeburg em 1626.

Figura 4. Otto Von Guericke

Fonte: Zúñiga (2018).

Devido a suas qualificações como engenheiro e jurista, foi possível a Guericke adquirir a posição de arquiteto municipal de sua cidade Magdeburg é situada atravessando o rio Elba, onde são realizadas importantes rotas comerciais, além de ser a metrópole da Liga Hanseática. em 1630, ajudando na construção de sua cidade, que havia sofrido danos severos na Guerra dos Trinta Anos.

A contribuição de Guericke na reconstrução da cidade se deu por meio de desenhos desenvolvidos por ele, além de inovações nas pontes de Elba. Contudo, no ano de 1631, a cidade de Magdeburg foi vítima do confronto entre as forças de Tilly e Gustafll Adolf, rei da Suécia. Sendo uma das vítimas da queda de Magdeburg,

Guericke perdeu todos os seus pertences, tornando-se prisioneiro no acampamento imperial Fermersleben, mas com seu bom mérito como Ludwig de Anhalt-Colthen, seu resgate foi pago por amigos que Guericke fez em outras cidades vizinhas. Dessa forma, após trabalhar como engenheiro a serviços de Gustavo II Adolf (rei da Suécia), conseguiu retornar para Magdeburg em fevereiro de 1632, voltando à reconstrução de sua cidade a partir das ruínas do incêndio de 1631, (KRAFFT, 1996, p. 19).

No ano de 1636, a administração de Magdeburg havia sido tomada da Suécia pelo império saxão, fazendo com que Guericke passasse a trabalhar a serviço saxão como um membro da cidade, permitindo que ele realizasse negociações pelo bem de sua cidade, além de continuas missões diplomáticas, e uma participação nas negociações do Tratado de Paz de Vestefália, o que acarretou na retirada das tropas de Magdeburg (KRAFFT, 1996, p. 23). Tais feitos deram a Guericke o reconhecimento necessário para que lhe atribuíssem à posição de prefeito de sua cidade natal, cargo do qual manteve até 1678. Seu nome original era apenas Otto Guericke, mas devido a suas contribuições, tanto políticas quanto científicas, no dia 4 de janeiro de 1666, Guericke foi levado à nobreza pelo imperador Leopold I, momento em que lhe seria atribuído o nome de Otto von Guericke. Sendo Guericke autodidata, aprendeu muito por meio de suas contínuas viagens, onde entrava em contato com estudiosos ou outros leigos autodidatas, demonstrando em suas continuas discussões referentes a seu estudo, sua visão como um defensor do heliocentrismo.

Após anos de contribuições para sua cidade, Guericke se muda para Hamburgo em 1681, para viver com seu filho, cidade aonde viria a falecer poucos anos depois no dia 11 de maio de 1686.

A época em que Guericke viveu foi fortemente marcada pela controvérsia entre o geocentrismo e o heliocentrismo, sendo o heliocentrismo fortemente defendido por Guericke. Sua dedicação pelo estudo dos corpos celestes é visível em seu livro "Experimenta Nova", onde Guericke se comprometia a resolver questionamentos sobre problemas astronômicos, sendo principalmente motivado a responder questões como, o que existe no espaço entre dois corpos celestes e como se dá a interação entre esses corpos.

Guericke questionava se a causa para os corpos celestes se manterem em suas orbitas era de natureza elétrica, então ao realizar seus experimentos visando analisar sua hipótese, ele derramou enxofre fundido sobre uma esfera de vidro esférico, e ao resfriar o enxofre, o vidro foi quebrado, deixando apenas o enxofre em seu formato esférico. Dessa forma, ao eletrizar a esfera atritando-a com as mãos, a mesma não apenas atraia objetos leves, como também repelia alguns outros corpos, tal como uma pena que era aproximada a ela ou outros objetos eletrizados, enquanto a esfera estava previamente eletrizada.

A repulsão entre dois corpos eletrizados era contraria a concepção de Gilbert, que havia negado a existência de uma possível repulsão elétrica. Além disso, Guericke acreditava que a interação entre os corpos celestes era de natureza elétrica, o que também era contrário as hipóteses de Gilbert, que acreditava que estas interações eram magnéticas.

Figura 5. Esfera de enxofre de Otto von Guericke

Fonte: CARNEIRO (2018).

O experimento de Guericke foi melhorado aos poucos, passando a ser sustentado por um suporte, e a ter uma associação de polias, de modo a fazer a esfera de enxofre girar em torno de seu eixo, podendo assim atritar mais facilmente com outros objetos. Seu experimento foi descrito em seu livro "Experimenta Nova Magdeburgica", publicado em 1672 em Amsterdã. Guericke também relatou em seu livro que ao encostar um material da esfera previamente eletrizada e afastá-los, observava-se uma repulsão entre o material aproximado e a esfera. A atração de objetos leves por meio da esfera fez com que Guericke associasse tal efeito a atração de objetos na superfície da Terra, fortalecendo ainda mais sua crença na ideia de que a interação entre os corpos celestes era de natureza elétrica.

A observação mais marcante de Guericke foi a de pequenas faíscas que saiam da esfera ao ser eletrizada, produzindo sons nunca antes vistos, o que se tornava ainda mais visível ao ser observado em um ambiente escuro. Durante a época, alguns chegaram até mesmo a associar as pequenas faíscas observadas a relâmpagos ou trovões, indagando se a natureza das faíscas seria da mesma de tais fenômenos observados na natureza. Este experimento desenvolvido por Guericke foi a primeira máquina eletrostática, da qual serviu de base para quase todos os experimentos posteriores em torno das propriedades elétricas.

2.4. Francis Hauksbee (1660–1713)

Francis Hauksbee, nascido em Colchester, na Inglaterra, começou sua vida profissional em um ofício e passou a adentrar no mundo da ciência como um autodidata. Embora não se saiba muito sobre sua origem ou sobre o dia de seu nascimento, estipula-se que tenha morrido no final de maio ou início de junho no ano de 1713. Sabe-se que ele apareceu na Royal Society em 5 de dezembro de 1703, no mesmo dia em que Isaac Newton (1643-1727) começou a participar das reuniões na instituição. Durante seu tempo de trabalho na instituição, Hauksbee foi reconhecido pelas palestras que realizou pelas 220 entradas no 'Jornal Book' e pela construção de diversos experimentos e instrumentos científicos, além de alguns relatórios experimentais. Alguns destes experimentos, instrumentos e relatórios foram realizados a pedido de Newton, sendo seu instrumento mais famoso a bomba de ar de dois canos, o que representava o ápice da tecnologia do vácuo no século XVIII na Grã-Bretanha. (RODERICK, 1966, p.203).

Figura 6. Francis Hauksbee

Fonte: Bos (2018).

Mesmo antes de entrar para a Royal Society, Hauksbee realizou grandes contribuições, oferecendo utensílios para serem utilizados na realização de experimentos do Vácuo Bolyano, além de alguns acessórios para serem utilizados com a bomba. Embora tenha sido bem sucedido em suas experimentações com a bomba, esta foi citada apenas em quatro páginas de seu livro *Physico Mechanical Experiments*, além de uma breve discussão em que teria sido comparada à bomba de Hauksbee com um novo modelo inventado na oficina de Musshenbroek em Leiden (BRUNDTLAND, 2012, p. 264).

Hauksbee era fortemente motivado em demonstrar o seu valor, agindo de forma ativa em seus poucos anos de trabalho na Royal Society, sendo o demonstrador da instituição, testando em seus experimentos tanto suas próprias hipóteses quando as hipóteses de outros estudiosos que lhe pediam. Demonstrava grande satisfação pelo seu trabalho, principalmente quando as os resultados experimentais coincidiam com suas hipóteses.

Alguns de seus artigos foram publicados após a sua morte no ano de 1719, além de seu livro *Experimentos Físicos-Mecânicos em Vários Assuntos* ter sido traduzido para o italiano em 1716 e francês em 1754. Este livro teve um forte reconhecimento pelo químico francês Charles François de Cistemay du Fay (1698-1739), que incluiu um longo relato sobre Hauksbee ao falar sobre seu livro *Memórias Sobre Eletricidade*, o qual foi lido por ele na Académie Royale des Sciences, em Paris. Especula-se que os trabalhos de Hauksbee teriam influenciado Newton em seu interesse pelo éter, além de servir de base para os estudos do químico francês Charles François de Cisternay du Fay (1698-1739).

Em seu estudo da bomba de ar, Hauksbee utilizou uma bomba para retirar o ar de um vidro cilíndrico, que era suspenso por um suporte de madeira, ligado a uma roda que funcionava como uma manivela (BRUNDTLAND, 2012, p. 267).

Ao girar a manivela, e consequentemente o vidro, e atritando este com alguma superfície externa, como uma mão seca, por exemplo, observava-se uma luz cintilante desconhecida até o momento, o que passou a ser chamado de fogo elétrico (sendo está a faísca elétrica que conhecemos hoje). Contudo, a luz desaparecia conforme o ar ia entrando no recipiente, embora este ainda pudesse exercer suas propriedades elétricas, atraindo objetos pequenos e leves, tais como a la, pedaços de papel entre outros.

Figura 7. Máquina de Hauksbee

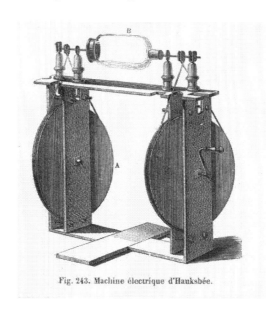

Fig. 243. Machine électrique d'Hauksbée.

Fonte: Joshi (2018).

Os fenômenos elétricos já eram conhecidos até o momento, além de algumas de suas propriedades, devido ao fato do físico inglês William Gilbert (1544 - 1603) ter enunciado anos antes algumas das características dos fenômenos elétricos, além de ter diferenciado estes dos fenômenos magnéticos, os quais se atribuíam a várias substâncias além do próprio âmbar. Todavia, havia um erro nas contribuições de Gilbert, que era o fato de ele ter negado a existência da repulsão elétrica, cabendo a Hauksbee provar o contrário, demonstrando que dois objetos ao serem atritados, se repudiavam. Gilbert acreditava que a atração elétrica entre os corpos se devia a algum eflúvio que passava entre o corpo atrator e o atraído, não importando se algo como o ar estivesse entre os dois.

Embora Hauksbee não tenha sido o primeiro a criar tal dispositivo (pois como já foi mostrado neste trabalho, o próprio Otto von Guericke havia desenvolvido um aparelho semelhante), seu trabalho causou grande agitação em Londres, pois, pela primeira vez, os fenômenos elétricos se tornaram um fenômeno visível, mesmo que através de pequenas fagulhas (eletricidade estática).

2.5. Stephen Gray (1666-1736)

Embora Stephen Gray tenha realizado grandes contribuições através de variadas pesquisas, serão abordadas neste tópico apenas suas contribuições acerca do estudo das propriedades elétricas. Existem poucas informações a respeito da vida de Gray, mas através de análises prévias relacionadas a cartas que ele enviou em sua vida, é possível ter uma data aproximada para o dia de seu nascimento, embora as informações sejam pouco precisas.

Figura 8. Stephen Gray

Fonte: Amaral (2018).

Através de uma carta enviada por ele para seu amigo Hans Sloane (1660-1753) na Royal Society, onde Gray afirma ter 45 anos, estipula-se que ele tenha nascido entre os dias 1 de agosto de 1666 e 30 de junho de 1667. Além disso, é possível fazer uma aproximação mais exata quanto a sua data de nascimento, devido a documentos que relatam o dia de seu batismo em 16 de dezembro de 1666 na Catedral de Canterbury, pois naquela época, havia-se uma intensa mortalidade infantil, o que tornava comum as crianças serem batizadas logo após seu nascimento (BOSS, ASSIS e CALUZI, 2012, p. 22).

Já as informações acerca de seu local de nascimento, a cidade de Cantebury é o local mais provável, pois os documentos referentes à sua família sempre envolveram essa cidade. Pouco se sabe sobre a formação acadêmica de Gray, mas o mais plausível é que ele tenha estudado em King's School, devido ao seu conhecimento sobre as disciplinas de Latim e Matemática. É importante ressaltar que o contexto histórico em que Gray se encontrava era posterior à restauração da monarquia inglesa e também da fundação da Royal Society da Inglaterra.

Até o momento, ainda se utilizava os termos elétrico (relacionado ao material que possuía as mesmas características do âmbar de atrair alguns materiais ao ser atritado) e não elétrico (relacionado a qualquer material que não possuía as mesmas propriedades elétricas do âmbar), que haviam sido propostos inicialmente por William Gilbert, que, em seu tratado sobre a eletricidade, diferenciou alguns materiais elétricos e não elétricos.

Os termos elétrico e não elétrico, atualmente conhecidos respectivamente como condutores e isolantes, foram propostos inicialmente por Jean Theophilus Desaguliers (1683-1744), que era um mestre em demonstrações experimentais e amigo de Isaac Newton.

Durante grande parte de sua vida, Stephen Gray trabalhou como tintureiro, mas sempre foi visível seu interesse por deixar sua profissão e ingressar no campo da ciência, principalmente nas diversas cartas que ele enviou para John Flamsteed (1646-1719), primeiro Astrônomo Real e diretor do Observatório Real de Greenwich na Royal Society. Outra pessoa por quem Gray demonstrou grande admiração em suas cartas foi John Godfrey, que além de ajudá-lo em suas pesquisas quanto ao estudo das propriedades elétricas, também o hospedou por diversas vezes em sua casa em Norton-Court na Inglaterra (BOSS; ASSIS; CALUZI, 2012, p. 22).

Embora tivesse um intenso interesse pela ciência, Gray não possuía uma boa condição financeira, passando a depender do auxílio de seus amigos Henry Hunt (um funcionário da Royal Society) e Hans Sloane para realizar suas pesquisas iniciais, o que talvez possa ter sido seu primeiro contato com a Royal Society, o que pode ter incentivado Gray em suas pesquisas iniciais.

Gray não possuía uma boa condição financeira, dependendo muitas vezes da generosidade de seus amigos Henry Hunt (um funcionário da Royal Society) e Habs Sloane, que pode ter sido seu primeiro contato com a instituição, incentivando Gray a realizar seus experimentos e relatá-los em suas cartas.

Durante a realização de suas pesquisas, Gray sempre enviou continuas cartas para Royal Society. Na época em que Sloane foi secretário da instituição, cerca de dez cartas de Gray foram publicadas, mas na época em que Isaac Newton assumiu a presidência na instituição em 1703, nenhuma de suas cartas foram publicadas, o que talvez se deva a vinda de Francis Hauksbee, que sendo encarregado de examinar alguns dos experimentos que vinham até a instituição, pode ter suprimido algumas das cartas de Gray. Embora Hauksbee tenha conseguido uma boa posição devido a suas contribuições experimentais, é curioso o fato de que Hauksbee plagiou alguns dos experimentos relatados por Gray, chegando até mesmo a apresentar alguns dos experimentos propostos por Gray, mas sem citar seu nome (BOSS, ASSIS e CALUZI, 2012, p. 28). Além disso, o plagio iria se repetir se não fosse o apoio de Flamsteed, que brigou pelo reconhecimento de Gray, impedindo o pesquisador Dr. Harry de plagiar suas contribuições.

Um fato importante na vida de Gray é quanto a sua admissão na casa de repouso Charterhouse em 24 de junho de 1729, que lhe proporcionou abrigo e alimento durante parte de sua vida. Durante essa época, Gray teve apoio em seus experimentos de seu amigo Granville Wheler, Embora se saiba pouco sobre seu trabalho existem dez artigos de grande importância publicados por ele no decorrer dos anos, dos quais foram enviados para Royal Society:

Em seu primeiro artigo, publicado em 1707, Gray teria utilizado uma máquina eletrostática, como aquela desenvolvida por Otto von Guericke, eletrizando um tubo de vidro para atrair pequenas penugens (BOSS, ASSIS e CALUZI, 2012, p. 51). No ano de 1720, após ter sido admitido na Charterhouse, seu segundo artigo foi publicado, relatando experimentos onde Gray teria atritado alguns tecidos com os dedos, aproximando de materiais sólidos, na tentativa de classificar determinadas substâncias e definir quais apresentavam características de materiais isolantes ou condutores (BOSS, ASSIS e CALUZI, 2012, p. 51).

O terceiro artigo de Gray relata experimentos como forma continuada dos artigos anteriores. Em seu primeiro experimento, Gray teria atritado uma garrafa de vidro, ainda com a rolha presa a ela, e observado que não apenas o vidro como também a rolha atraia pequenas penugens. Ele também testou materiais como madeira, barbantes, arames metálicos e entre outros, visando verificar se estas outras substâncias se comportavam da mesma forma. E, suas analises, Gray conseguiu atrair objetos leves utilizando materiais metálicos, o que para ele, era algo inteiramente novo. Além disso, utilizando fios metálicos, Gray observou que as propriedades elétricas poderiam ser observadas nas extremidades do material, e assim transmitidas a longas distancias (BOSS, ASSIS e CALUZI, 2012, p. 52).

Estes materiais metálicos que Gray utilizou para transmitir as propriedades elétricas, tendo uma facilidade maior de conduzir o fluido elétrico, são os condutores que conhecemos hoje, enquanto os materiais que retiam mais facilmente a passagem do fluido elétrico, foram denominados como isolantes.

Gray também testou o uso de materiais isolantes como apoio para o vidro ligado ao condutor, e observou que, ao utilizar a seda, a extremidade dos materiais condutores continuava atraindo objetos leves, levando Gray a classificar diversos materiais em isolantes e condutores. Além disso, ele também tentou substituir a seda por um metal, observando que o condutor ligado ao tubo de vidro logo deixava de atrair corpos leves, levando-o a concluir que, utilizando um material condutor, este conduziria a eletricidade para o solo, dando a Gray a primeira ideia do que chamamos hoje de aterramento. Em resumo, utilizando um material não condutor, Gray evitaria a perda da atração elétrica, pois deixaria o condutor protegido de um escoamento (BOSS, ASSIS e CALUZI, 2012, p. 53).

Ainda no mesmo artigo, Gray havia descoberto ser possível eletrizar um corpo sem tocá-lo, aproximando outro corpo eletrizado a uma dada distância. Para isso, Gray isolou um condutor do solo utilizando um material não condutor, como, por exemplo, a seda, e dessa forma, aproximando um corpo eletrizado de uma das extremidades do condutor, Gray observou que a outra extremidade deste material atraia corpos leves. Sabendo disso, Gray testou o experimento a determinados extremos, pendurando um garoto em um suporte de madeira através de fios de seda, e aproximando um vidro eletrizado de seu pé, observando que as mãos do garoto podiam atrair pequenas plumas.

Figura 9. Condutividade do corpo humano

Fonte: Strutts, B (2014).

Em seu quarto artigo, publicado em 1731, Gray teria conseguido eletrizar um prato com água contido sobre um material isolante, ao aproximar um vidro eletrizado da água, observando assim algumas faíscas entre o vidro e a água (BOSS, ASSIS e CALUZI, 2012, p. 54). Um ano depois, Gray publicou seu quinto artigo, onde segundo ele, ao fundir diferentes resinas em uma concha metálica, e depois retirar estas resinas da concha, elas atraiam objetos leves em suas proximidades, sem terem sido eletrizadas por atrito, e cobrindo estas com flanelas de materiais condutores, protegendo-as do ar, observou-se que a eletrização se mantinha por um período longo de tempo (BOSS, ASSIS e CALUZI, 2012, p. 54).

Em 1735, foram publicados seus sexto, sétimo e oitavo artigos de Gray. No sexto, ele relata ter conseguido obter a atração elétrica através de corpos opacos ou transparentes, ao pendurar uma linha no centro de um vidro oco, de modo que, ao aproximar um vidro eletrizado do recipiente, foi observado o movimento do fio.

Neste mesmo artigo, ele também relata ter pendurado duas varetas condutoras próximas uma à outra por meio de um fio isolante, onde ao se aproximar um vidro eletrizado de uma das varetas, observa-se que a ponta da segunda atraia objetos leves (BOSS, ASSIS e CALUZI, 2012, p. 55). Já em seu sétimo artigo, ele relata a presença de pequenas faíscas ao aproximar um tubo de vidro eletrizado de uma de materiais condutores suspensos por fios isolantes (BOSS, ASSIS e CALUZI, 2012, p. 55). No oitavo artigo, Gray relata o mesmo modelo experimental do sétimo artigo, mas ao contrario do artigo anterior, neste Gray testa vários materiais isolantes para sustentar os condutores, verificando por quanto tempo os condutores permaneciam eletrizados, de modo a classificar quais se comportavam melhor como materiais isolantes (BOSS, ASSIS e CALUZI, 2012, p. 55).

Os últimos nono e decimo artigos, foram publicados em 1736, após a morte de Gray, sendo ambos voltados para o mesmo experimento. No experimento retratado por Gray, é colocado um globo metálico sobre uma resina eletrizada, e aproximado do globo uma cortiça eletrizada suspensa por um fio isolante. Ao movimentar a cortiça em direção ao globo, esta realiza um movimento circular em torno dele, que dependia da mão do experimentador ao ser lançada. Embora Gray tivesse grandes expectativas neste experimento, não foi possível finalizar sua analise, devido a seu falecimento (BOSS, ASSIS e CALUZI, 2012, p. 56).

É visível que em algumas das cartas de Gray, ele sempre tentou encontrar uma forma de fazer o fluido elétrico se manter por mais tempo contido nos materiais, mas embora ele não tenha conseguido tal proeza, Pieter van Musschenbroek (1692-1761), que veio a realizar suas contribuições anos depois conseguiu realiza armazenar o fluido elétrico por um longo período de tempo, graças a sua invenção da garrafa de Leyden.

2.6. Petrus (Pieter) van Musschenbroek (1692-1761)

Petrus (Pieter) van Musschenbroek (1692-1761) nasceu em 14 de março de 1692 na cidade de Leyden, filho do criador de utensílios físicos (como bombas de ar, microscópios e telescópios) Johan Joosten van Musschenbroek (1660-1707), profissão da qual era passada de geração em geração em sua família. Embora as informações acerca de sua formação sejam escassas, sabe-se que em 1708, Musschenbroek passou pela escola já tendo conhecimento de línguas como grego, latim, francês, inglês, alto alemão e espanhol, vindo a se tornar doutor em medicina na cidade de Leyden em 1715 com sua dissertação referente como professor na Universidade de Duisburg (na Alemanha) entre 1719 e 1723 e na Universidade de Utrecht entre os anos 1723 e 1739, dando aulas de matemática e filosofia natural, passando também a dar aula de astronomia em 1723 (DUCHEYNE, S, 2014, p 2). Além disso, em 1754, Musschenbroek foi admitido como professor na Academia Imperial de Ciências de São Petersburgo (KRYZHANOVSKII, 1990, p.267).

Figura 10. Petrus (Pieter) van Musschenbroek

Fonte: Arca, A. (2006)

Embora tenha realizado extensas contribuições para ciência quanto ao estudo da eletricidade, Musschenbroek não deu atenção ao tema logo de início, devotando-se ao tema gradativamente. Pouco se sabe sobre os fatores que levaram Musschenbroek a se adentrar em sua pesquisa quanto ao estudo da eletricidade. Por muito tempo, pesquisadores tentavam encontrar um meio de armazenar o fluido elétrico, sem que este se esvaísse. Enquanto trabalhava na Universidade de Leyden como professor em 1745, Musschenbroek desenvolveu o primeiro condensador elétrico, do qual foi apelidado por ele de "garrafa de Leyden" ou "frasco de Leyden", em homenagem a sua cidade natal. Musschenbroek imaginou que o fluido se comportaria como a água, e baseando-se em experimentos anteriores, como a transmissão do fluido através de um condutor, proposto anteriormente por Stephen Gray, Musschenbroek preencheu uma garrafa de vidro com água e colocou a extremidade de um fio metálico dentro da água, enquanto a outra extremidade do fio era conectada a uma máquina eletrostática, como a desenvolvida anos antes por Francis Hauksbee.

Após colocar uma tampa condutora na garrafa, para prender o fio, e imaginando que uma substância isolante pudesse conter a carga, Musschenbroek colocou a garrafa sobre uma superfície isolante, mas não obteve sucesso neste modelo inicial de seu experimento. Alguns dias depois, um assistente chamado Andreas Cunaeus, por um acaso segurou a garrafa contendo água eletrificada em uma das mãos, enquanto com a outra ele tocou na extremidade superior da garrafa, de modo a não a deixar em contato com um material isolante, o que fez com que ele tomasse um forte choque. Inicialmente, Musschenbroek atribuía o sucesso do experimento ao tipo de vidro utilizado, onde segundo ele, este seria de uma boa qualidade. Contudo, Nollet recriou o experimento de Musschenbroek, e comprovou que o tipo de vidro utilizado não influenciava na experimentação, chegando até mesmo a publicar partes da carta de Musschenbroek na carta em A História da Academia Real de Ciências (KRYZHANOVSKII, 1990, p.266).

A garrafa de Leyden desenvolvida por Musschenbroek foi o primeiro capacitor já criado, sendo de extrema importância para um estudo mais aprofundado das propriedades elétricas, além de servir de base para diversos outros experimentos e conceitos que viriam a ser desenvolvidos anos depois. A ideia de se utilizar uma garrafa de vidro, talvez se deva ao fato de Musschenbroek supor inicialmente que seria necessário ter um material isolante para conter a eletricidade, e que para ele, um material condutor em contato com o ar, perdia essa eletricidade mais facilmente.

Em geral, como sabemos hoje, um capacitor ou condensador é constituído por duas peças condutoras afastadas a uma determinada distancia, e possuindo um material dielétrico entre estas, o que geralmente é constituído de um material isolante com alta resistência a passagem de cargas, podendo assim armazenar cargas elétricas em um campo elétrico. O condensador original desenvolvido por Musschenbroek tinha como dielétrico o próprio vidro da garrafa, sendo as mãos do experimentador o material condutor.

Os primeiros relatos do experimento da Garrafa de Leyden surgiram quando Musschenbroek enviou suas cartas para Paris a René Antonie de Reaumur (1683-1757), que por sua vez informou a Academia de Ciências de Paris em janeiro de 1746 o conteúdo da carta (embora pouco se saiba sobre as correspondências entre Musschenbroek e Reaumur). Após isso, o conteúdo da carta foi traduzido para o francês por Jean Antoine Nollet (1700-1770), onde recebia nomes como "experimento de Leyden" e "jarra de Leyden". Em sua carta, Musschenbroek relatava ter criado um experimento inteiramente novo, mas que dizia ser muito perigoso, e recomendava que Reamur (a quem a carta foi destinada), que não repetisse o experimento (DUCHEYNE, 2014, p.2).

Uma observação que não chamou muita atenção dos historiadores nas cartas de Musschenbroek foi à ideia de que ao se colocar a garrafa sobre um suporte metálico, o choque se tornaria mais forte ao encostar o dedo na tampa metálica da garrafa. O suporte metálico, juntamente com a tampa metálica se comportariam como as placas de um capacitor, como o que é conhecido nos dias de hoje. A ideia de se utilizar uma placa metálica como suporte, serve como substituto para as mãos do experimentador durante o carregamento da garrafa de Leyden, pois as mãos do experimentador se comportariam como as placas de um capacitor, sendo importante lembrar que o fundo da garrafa de vidro, ao se utilizar o suporte de vidro, continua funcionando como dielétrico (KRYZHANOVSKII, 1990, p.266).

Os choques sofridos pela garrafa de Leyden proporcionavam um perigo real aos experimentadores que tentavam recriá-lo. Desse modo, no intuito de evitar os choques e observar as faíscas que saiam da garrafa durante os choques, Musschenbroek utilizou um pedaço de fio, visando utiliza-lo como descarregador. Tendo em vista essas ideias propostas por Musschenbroek, Henry Cavendish (1731-1810) propôs em uma de suas cartas para Musschenbroek que o mesmo utilizasse um fio mais grosso e curto, afirmando que o choque não seria sentido, já que toda eletricidade passa pelo fio, e não pelas mãos do experimentador (KRYZHANOVSKII, 1990, p.266).

Um tópico que chamava a atenção dos estudiosos na época era quanto à natureza dos raios, onde alguns acreditavam que a mesma seria da mesma natureza da eletricidade gerada através das máquinas eletrostáticas e outros negavam essa hipótese. Musschenbroek estava entre aqueles que negavam essa possibilidade, o que se deve a determinados fatores que ele considerava, tais como: o fato de ele ter considerado que o brilho gerado pela eletricidade das máquinas eletrostáticas só poderia ser visto no vácuo, enquanto o brilho observado pelo raio era visto ao ar livre, o fato de que para ele os raios geravam vestígios de sua passagem, como por exemplo, quando atingiam uma árvore, enquanto as faíscas provenientes das máquinas eletrostáticas não geravam vestígios de sua passagem, a sua crença em que a os raios podiam derreter metais, enquanto a eletricidade das máquinas eletrostáticas não, e por fim o forte estrondo ouvido após a queda de um raio, o que não poderia ser ouvido através das faíscas geradas pelas máquinas desenvolvidas pelo homem. As suspeitas de que a natureza dos raios fosse à mesma das faíscas das máquinas de fricção foram comprovadas com as explicações de Benjamin Franklin (1706-1790) anos depois.

Outro tópico que chamava a atenção de grande parte dos pesquisadores era quanto à natureza de uma espécie de peixe, que era capaz de gerar uma picada, que segundo alguns estudiosos, teria natureza elétrica. Musschenbroek de inicio comparou a picada do animal ao choque produzido pela garrafa de Leyden, pois o choque poderia ser sentido quando fosse encostado um material condutor na parte do corpo animal que gerava a picada, mas não com um material isolante.

A maioria dos estudiosos negava a possibilidade da picada do animal ser de origem elétrica, pelo fato dela não ser observada a olho nu, como o choque proveniente da garrafa de Leyden era e porque a picada era sentida tanto debaixo da água como em terra. Embora Musschenbroek não tenha se aprofundado na analise sobre o animal, ele foi o primeiro a introduzir o conceito de peixe elétrico, o que serviu de base para as pesquisas de Cavendish, que viria a dar uma explicação sobre o assunto (KRYZHANOVSKII, 1990, p.266).

Os choques sofridos pela garrafa de Leyden proporcionavam um perigo real aos experimentadores que tentavam reproduzir este experimento. Desse modo, visando evitar os choques e observar as faíscas que saiam da garrafa, Musschenbroek utilizou um pedaço de fio, visando utiliza-lo como descarregador. Tendo em vista essas ideias de Musschenbroek, Henry Cavendish (1731-1810) propôs a ele através de suas cartas que utilizasse um fio mais grosso e curto, afirmando que o choque não seria sentido, já que toda eletricidade passa pelo fio, e não pelas mãos do experimentador. Em algumas de suas cartas mandadas para Benjamin Franklin (1706-1790), Musschenbroek demonstrava ter grandes esperanças no estudo de Franklin, esperando que o mesmo continuasse seu trabalho por caminhos diferentes dos europeus, levando em conta que o acadêmico de São Petersburgo Georg Wilhelm Richmann (1711-1753) veio a falecer devido aos fortes choques sofridos em suas pesquisas em torno das propriedades elétricas (KRYZHANOVSKII, 1990, p.267).

Musschenbroek veio a falecer no dia 19 de setembro de 1761, na Holanda, em sua cidade natal.

2.7. Benjamin Franklin (1706-1790)

Nascido em 17 de janeiro de 1706, em Boston nos EUA, Benjamin Franklin foi o quinto filho de dezessete irmãos, tendo tido uma educação formal apenas entre seus oito e dez anos e passando a trabalhar como aprendiz de seu irmão mais velho James Franklin, um impressor que publicava o jornal chamado New England Courant.

Embora tenha tido uma educação curta, Franklin era dedicado e lia todo tipo de livro que chegava a suas mãos, sendo um autodidata, aprendendo constantemente e vindo a conhecer vários idiomas no decorrer de sua vida, além de aprender a tocar diversos instrumentos. Devido a uma discussão que teve com seu irmão, Franklin fugiu para Nova Iorque e, logo em seguida, para Filadélfia em 1723, onde passou a trabalhar como impressor.

Figura 11. Benjamin Franklin

William, B. J. (2005).

Devido à eficácia de seu trabalho, o governador da Pensilvânia lhe ofereceu ajuda para abrir sua própria oficina. Todavia o governador não ajudou como prometido, o que fez com que Franklin passasse a trabalhar em uma tipografia inglesa e seguisse para Filadélfia anos depois, onde se tornou proprietário de uma tipografia e de um periódico. Em 1731, Franklin e outros membros da associação filosófica criaram a "Library Company", a primeira biblioteca da Filadélfia, possuindo cerca de

500 mil livros e 160 mil manuscritos. Em sua formação, Franklin recebeu o grau de Doutor em Direito pela Universidade de St. Andrews em 1759 e Doutor em Leis Civis da Universidade de Oxford em 1762, além de receber graus honorários da Universidade de Harvard em 1753 (MILCENT, 2007, p.8).

No ano de 1743, ao assistir as apresentações públicas Boston, onde eram reproduzidos experimentos elétricos que chamavam a atenção do público na época, Franklin se sentiu maravilhado ao presenciar um dos experimentos mais famosos de Stephen Gray, em que um garoto seria suspenso por fios de seda, tendo seu corpo eletrizado e atraindo pequenos objetos leves. Sentindo-se motivado por entender um pouco mais sobre a eletricidade, Franklin pediu a seu amigo Peter Collinson (1694-1768), um membro da Royal Society, que lhe enviasse um tubo de vidro, para que ele mesmo realizasse suas próprias experiências. Collinson enviou a Franklin não apenas o tubo de vidro, como também diversas traduções de trabalhos alemães, relatando experimentos elétricos publicados na revista *Gentleman's Magazine* (MENDONÇA, 2007, p.124).

Até o momento, a única maneira conhecida de se gerar eletricidade era através do atrito, como, por exemplo, atritando um tubo de vidro com um pedaço de seda. Além disso, antes da criação da garrafa de Leyden[4], não havia uma maneira conhecida de se armazenar cargas elétricas por um longo período de tempo. É importante ressaltar que os termos carga, descarga e choque elétrico passaram a ser utilizados inicialmente por Franklin.

Em suas experiências, Franklin fazia uma analogia entre um corpo contendo fluido elétrico e uma esponja encharcada de água. Segundo ele, a água corresponderia ao fluido, de modo que, tendo-se um excesso de fluido, além do que o corpo pode suportar, o fluido se acumularia em sua superfície, da mesma forma como a água se acumula na superfície da esponja. Dessa forma, um corpo com excesso de fluido estaria carregado positivamente, enquanto um corpo com falta desse fluido estaria carregado negativamente, e um corpo com uma quantidade intermediária entre fluido

---

[4] A garrafa de Leyden é basicamente um capacitor constituído por uma jarra de vidro contendo água até aproximadamente três quartos do volume que ela comporta, tendo um fio de metal atravessando uma rolha e se estendendo até a água em seu interior, e na extremidade do fio, saindo pela rolha, localiza-se uma bola de metal. Dessa forma, o conjunto fio/água forma o eletrodo interno do capacitor, e o eletrodo externo é formado por uma folha de metal enrolada na parte interior do recipiente, sendo o vidro da garrafa o material dielétrico do capacitor.

positivo e negativo, estaria em um estado neutro, de modo que, os corpos com falta ou excesso de fluido, denominados por Franklin como corpos carregados, buscariam sempre uma espécie de equilíbrio, ou seja, um estado neutro (SILVA, 2007, p.3). Um objeto poderia ser carregado através do atrito, podendo ganhar ou perder seu fluido elétrico, e desse modo, corpos com cargas opostas, se atrairiam mutuamente e corpos positivos se repeliriam mutuamente. Em sua teoria, Franklin não considerava a existência de uma repulsão entre dois corpos negativos (MILLIKAN, 1943, p7).

Todos os resultados experimentais obtidos por Franklin eram encaminhados para Collinson por meio de cartas. Após Collinson ler estas cartas nas reuniões da Royal Society em Londres, ele e o Dr. John Fothergill (1712-1780), um médico de Londres, organizaram para que estas cartas fossem publicadas como um livro ou panfleto nomeado como: B Franklin, Experimentos e Observações sobre eletricidade, feitas na Filadélfia na América (MENDONÇA, 2007, p.33).

Seu livro foi publicado em três edições, sendo estas, respectivamente, em francês, italiano e alemão. É importante ressaltar que devido a suas descobertas, seu livro foi mais aclamado fora da América do que dentro dela, tornando o nome de Franklin extremamente conhecido mundo a fora. Com suas descobertas se tornando conhecidas na Europa, Franklin recebeu a Medalha de Ouro Copley da Royal Society em 1753.

Nas cartas enviadas por Franklin para Collinson, ele explica o fogo elétrico através de um exercício mental. Inicialmente se imagina que três pessoas A, B e C estão sobre um material isolante, onde a pessoa A atrita um tubo de vidro, fazendo com que este perca fogo elétrico e, consequentemente, fazendo com que a pessoa A perca seu fogo elétrico para o tubo, já que ela está sobre um material isolante, não podendo voltar à neutralidade, estando assim carregado negativamente. Enquanto isso, a pessoa B estendendo seu dedo em direção ao tubo que recebeu fogo elétrico de A, recebe parte desse mesmo fogo elétrico, estando carregado positivamente.

Uma terceira pessoa C também sobre o material isolante perceberá ambas as pessoas A e B eletrizadas, recebendo o fogo elétrico de B caso se toquem, e conduzindo fogo elétrico à pessoa A caso se toquem. Além disso, devido à maior diferença de cargas elétricas, caso A e B se toquem, o choque será ainda mais intenso do que aquele obtido através do contato de C com A e de C com B (MENDONÇA, 2007, p.30).

É importante ressaltar que embora os conceitos de Franklin estejam corretos, ele atribui ao excesso de fogo elétrico uma carga positiva e à falta de fogo elétrico uma carga negativa, o que é contrário à convenção utilizada nos dias de hoje, onde a falta de cargas elétricas corresponde a um corpo positivamente carregado enquanto o excesso de cargas corresponde a um corpo negativamente carregado.

Um dos experimentos que mais chamava a atenção do público na época era a garrafa de Leyden, que se tornou ainda mais famosa quando Jean Antoine Nollet (1700-1770) realizou experiências formando cadeias de pessoas de mãos dadas, distribuindo choques elétricos por meio de toda corrente de pessoas. Contudo, o experimento ainda não era compreendido de forma aprofundada, cabendo a Franklin realizar suas análises.

Dessa forma, com base em sua teoria, Franklin tentou explicar o funcionamento da garrafa de Leyden. Segundo ele, de início a máquina eletrostática conectada à terra retira fluido elétrico do solo através do atrito, estando ela conectada ao fio que é mergulhado na garrafa de Leyden, enquanto simultaneamente uma quantidade igual desse fluido é liberada do revestimento da garrafa para o solo, mantendo o sistema em equilíbrio. Desejando saber onde o fluido elétrico se mantinha durante o processo de carregamento da garrafa de Leyden através da máquina eletrostática, Franklin retirou cuidadosamente o fio que ficava dentro do recipiente utilizando um material isolante, enquanto segurava a garrafa com uma das mãos. Em seguida, ao tocar na parte superior da garrafa de Leyden, onde se localizava uma pequena esfera metálica, Franklin recebeu uma forte descarga elétrica, tão intensa quanto à recebida ao tocar o fio previamente retirado quando este ainda estava dentro do recipiente, o que comprovou que o fluido elétrico não se mantinha no fio (Smith, 2017).

Testando novamente o experimento, Franklin realizou o mesmo procedimento anterior, mas desta vez retirando a água do recipiente e adicionando-a a outro recipiente vazio. Dessa forma, ao tocar novamente a garrafa, nenhuma descarga foi sentida, o que levou Franklin a previamente assumir que o fluido elétrico havia sido perdido com a água. Contudo, ao preencher o recipiente com água (sendo esta não eletrificada, ou seja, não sendo a mesma água previamente retirada do recipiente), um forte choque foi sentido por Franklin, o que o levou a concluir que o fluido elétrico se mantinha no recipiente e não na água ou no fio (Smith, 2017).

Preocupado com o fato de o tamanho do material influenciar na análise dos dados experimentais, Franklin montou um esboço onde duas placas de chumbo quadradas eram colocadas paralelamente em cima e embaixo de uma placa de vidro quadrada (que por sua vez se comporta como um dielétrico), podendo o vidro se prolongar em termos de comprimento em até 5 cm além do chumbo. Dessa forma, como mostra na figura 11, ele tentou sustentar a placa inferior com uma das mãos, enquanto a outra placa de chumbo localizada acima do vidro era eletrizada por algum método não especificado por Franklin em seus relatos, embora o mais provável é que ele tenha atritado algum tubo de vidro a um pedaço de tecido, e assim tocado esse mesmo vidro ao pedaço de chumbo que não estava em contato com a mão de Franklin (Smith, 2017). Em seguida, utilizando um material isolante, Franklin retirou as placas de chumbo e, ao tocar o vidro com seus dedos, sentiu pequenos choques provenientes da carga acumulada na placa. O modelo desenvolvido por Franklin foi testado diversas vezes por ele, sendo assim remontado e melhorado. Atualmente novos modelos foram desenvolvidos, utilizando outros materiais diferentes e mais eficazes, proporcionando tanto quanto possível uma maior capacidade de armazenamento de cargas.

Figura 12. Capacitor de Franklin

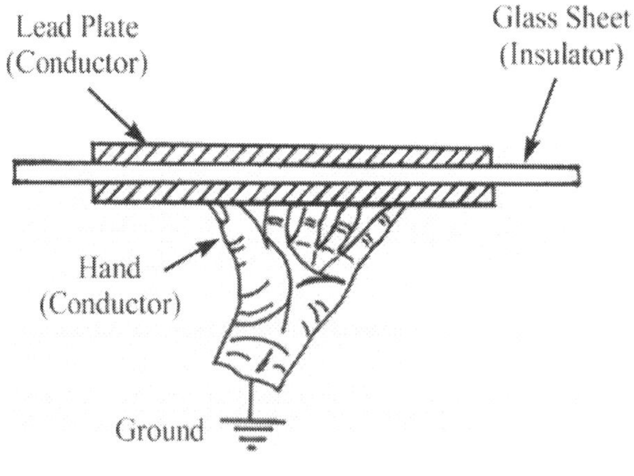

Fonte: Smith, G.S. (2017).

Outro dos experimentos de Franklin foi realizado visando demonstrar que as pontas se repelem da mesma forma que atraem o fogo elétrico. Franklin realizou um experimento onde ele teria colocado uma agulha na extremidade de uma barra de ferro, de modo que a ponta da agulha fique além da extremidade da barra. Dessa forma, eletrizando a barra de ferro, são observadas faíscas apenas na ponta da agulha. Atualmente sabe-se que as cargas elétricas tendem a se distribuirem sobre o material, de modo a ficarem afastadas umas das outras tanto quanto for possível, de modo a se acumularem em regiões pontiagudas, o que explica as observações de Franklin neste fenômeno que hoje é conhecido como poder das pontas (MENDONÇA, 2007, p.39).

Muitos eletricistas na época, tais como Jean Antoine Nollet (1700-1770), John Theophilus Desaguliers (1683-1744) e Johann Heinrich Winkler (1703-1770), tinham curiosidade quanto ao fato da natureza dos raios ser da mesma da eletricidade gerada pelas máquinas eletrostáticas. Franklin não chegou a realizar tal experimento, mas propôs como ele o faria. Ele recomendou que o experimento fosse realizado em um lugar alto, posicionando uma haste metálica na vertical, sendo esta sustentada por um suporte de madeira e tendo em sua base uma garrafa de vidro.

Desse modo, Franklin pede para quem for realizar o experimento que aproxime um fio metálico da garrafa de vidro, sendo este fio segurado com um material isolante. Segundo ele, se a haste estiver eletrificada, faíscas serão observadas saltando da garra até o fio metálico. Algum tempo depois, Thomas François D'Allibard (1709-1799) realizou o experimento na França em 1752, comprovando que os raios eram da mesma natureza da eletricidade gerada pelas máquinas eletrostáticas (MENDONÇA, 2007, p.37).

Embora houvesse tido grandes progressos quanto ao estudo da eletricidade, até o momento, estes ainda eram qualitativos, ou seja, ainda não havia uma forma de se medir essa eletricidade. Desse modo, ainda havia uma extensa lacuna a ser preenchida. Instrumentos como a garrafa de Leyden proporcionaram um grande progresso quanto ao desenvolvimento de experimentos físicos vinculados ao estudo da eletricidade, embora tanto este quanto a máquina eletrostática desenvolvida por Otto von Guericke ainda não fosse compreendida por completo.

O conhecimento de que haviam materiais condutores e isolantes, o que foi proposto por Stephen Gray, permitiu o progresso quanto ao estudo das propriedades elétricas, principalmente em se tratando das análises experimentais de Benjamin Franklin, que propôs a ideia de que não haveriam dois fluidos distintos como se imaginava, (sendo estes responsáveis da atração e repulsão entre os corpos), mas que haveria apenas um único tipo de fluido elétrico, sendo este capaz de permear a matéria, que por sua vez se comportaria como uma esponja, e desse modo, o excesso desse fluido elétrico ficaria na superfície da matéria, formando uma espécie de atmosfera elétrica, o que para Franklin seria positivamente carregada tendo-se um excesso desse fluido, e negativamente caso houvesse uma falta do mesmo. Todavia, sua teoria não era capaz de fornecer uma explicação satisfatória quanto a repulsão de corpos carregados negativamente, o que coube a Franz Maria Ulrich Theodosius Aepinus (1724-1802) explicar, ao propor sua hipótese de que corpos com falta de cargas (carregados negativamente, segundo a teoria de Franklin) se repeliam mutuamente, bem como corpos com excesso de cargas elétricas (MENDONÇA, 2007, p.37).

Embora todos os estudos desenvolvidos até o momento fossem apenas qualitativos, coube a Henry Cavendish (1731-1810) proferir os primeiros estudos quantitativos quanto às cargas elétricas.

Franklin lutou pela paz em sua terra, chegando a assinar o Tratado de Aliança com a França e a ser eleito o primeiro presidente da Pensilvânia, tendo grande importância na elaboração da Constituição da América do Norte, e dedicando-se em prol da abolição da escravidão. Após uma vida um tanto agitada, Franklin veio a falecer em 17 de abril de 1790, aos 84 anos (MILCENT, 2007).

2.8. Henry Cavendish (1731-1810)

Henry Cavendish nasceu em 10 de outubro de 1731, na cidade de Nice, na França, sendo filho de Lady Anne Gray e Lord Charles Cavendish, ambos descendentes da casa real normanda, atingindo um status nobre devido a seus serviços prestados à coroa durante tempos de crise. Durante sua infância, seu pai teve grande influência em seu gosto pela ciência, principalmente após a morte de sua mãe, quando Cavendish tinha apenas seis anos.

O pai de Cavendish sempre o chamava para acompanhá-lo em suas medições, tendo sido responsável por realizar estudos voltados ao calor, a eletricidade e ao magnetismo. Por motivos ainda desconhecidos, Cavendish foi educado em sua casa até os 11 anos, passando a estudar no mesmo colégio de seu irmão Frederico Cavendish em Hackney School até seus 18 anos.

Figura 13. Henry Cavendish

Fonte: Seitz (2017).

Após isso, Cavendish entrou na Peterhouse College, na Universidade de Cambridge, dedicando-se aos estudos da matemática e física, permanecendo na universidade até 23 de fevereiro de 1753, quando abandonou o curso, passando a se dedicar a estudar por conta em seu próprio laboratório, que foi construído com a fortuna que Cavendish havia herdado de seus falecidos tios, além de permitir a ele construir uma biblioteca de anotações em Londres. Decorrente de intensos estudos, Cavendish foi aceito na Royal Society em 1760. Quanto a seu irmão, devido a um acidente que teve ao cair da janela quando realizava seus experimentos, teve graves danos celebrais, necessitando de cuidados especiais e, assim, não podendo terminar seus estudos (SEITZ, 2005, p 176).

Quanto a sua personalidade, Cavendish era uma pessoa extremamente tímida, calma, pouco sociável, o que fazia com que ele evitasse qualquer tipo de discussão, tendo medo de contradizerem suas ideias, além de ter um intenso medo de mulheres. A única mulher com Cavendish teve alguma amizade foi a de Lady Georgina Spencer (1757-1806), a primeira esposa do quinto duque de Devonshire, que tinha um grande interesse pela ciência, embora fosse 26 anos mais nova que Cavendish. Além disso, com base em análises quanto à sua personalidade e vivência na época, supõe-se que Cavendish sofria da síndrome de Asperger (GAFFNEY e MARLEY, 2005, p.2). O fato de Cavendish ter um grande medo de contradizerem suas ideias, fez com que ele sempre demorasse muito tempo para publicar seus trabalhos, além de não participar em discussões produtivas, o que poderia ter sido de grande ajuda em seu trabalho. Devido ao fato dele ter sido receoso quanto à publicação de seus trabalhos, Cavendish veio a realizar sua primeira publicação em 1766 sendo denominada On Factitious Air, trabalho que lhe concedeu a Medalha Copley.

Sua timidez chegava ao ponto de Cavendish sempre recusar posar para retratos, embora haja apenas um retrato seu pintado por William Alexander em um momento em que Cavendish havia saído para jantar, o que pode ser considerado uma raridade, visto que Cavendish teria fugido caso tivesse notado que um retrato seu estava sendo produzido (SEITZ, 2005, p 176). Desse modo, a única imagem disponível de Cavendish na internet pode ser observada na figura 13.

No período em que se dedicou ao estudo da eletricidade, Cavendish realizou apenas duas publicações, sendo seu primeiro artigo inteiramente teórico. Cavendish se baseava no pressuposto de que o fluido elétrico estaria intercalado às partículas, formando uma espécie de atmosfera ao seu redor, a qual poderia interagir com outros corpos, de modo a exercer uma força, que seria inversamente proporcional à distância entre os corpos.

Com base em seu pressuposto, Cavendish propôs duas teorias fundamentais referente aos corpos carregados positivamente e negativamente: (a) na primeira, os corpos carregados positivamente apresentariam uma espécie de atmosfera elétrica mais comprimida se comparado a seu estado neutro, enquanto um corpo negativamente carregado apresentaria uma atmosfera menos comprimida (b) e na segunda, um corpo com excesso de fluido elétrico estaria sobrecarregado, enquanto um corpo com falta de fluido elétrico estaria descarregado (WISNIAK, 2003, p. 69). Sua primeira teoria é bastante semelhante ao que conhecemos atualmente como potencial elétrico.

Em sua análise da interação entre os corpos carregados, Cavendish propôs que a força de interação entre os corpos não poderia ser inversamente proporcional ao cubo da distância, pois assim, a interação entre estes corpos com atmosfera elétrica não seria sentida por eles, a não ser para distâncias muito curtas. Além disso, supor que a força de interação entre os corpos carregados se dava de forma inversamente proporcional ao quadrado das distâncias, facilitou o entendimento de como o fluido elétrico se distribui, principalmente quanto a essa distribuição em cascas esféricas metálicas, devido ao fato destas terem uma ausência de forças elétricas em seu interior. Segundo Cavendish, o fluido se distribuiria na superfície do material[5].

Cavendish também realizou estudos quanto ao funcionamento dos capacitores, em que, segundo ele, sua capacidade de conter o fluido elétrico dependeria de seu formato e tipo de material, o que foi verificado ao se tentar medir por meio das descargas das placas condutoras. Os estudos de Cavendish quanto à capacidade de determinados materiais de melhor conduzir o fluido elétrico foi à base para descobertas como a lei de Ohm (WISNIAK, 2003, p. 69).

Outra das pesquisas realizadas por Cavendish foi quanto à natureza de um peixe chamado Tremelga, do qual o cientista britânico John Walsh (1726-1795) havia proposto um artigo, onde dizia que o choque proveniente do peixe, sendo este capaz de atordoar outros animais e até mesmo pessoas, era de origem elétrica. Muitos pesquisadores eram contrários à ideia de o choque produzido pelo peixe ser de origem elétrica, pois não parecia aceitável a ideia de um peixe capaz de acumular cargas, ainda mais dentro da água, sendo ela um condutor, além do choque proveniente do peixe não gerar faíscas luminosas como na garrafa de Leyden e não apresentar os efeitos de atração ou repulsão.

---

[5] Atualmente sabe-se que as cargas elétricas se distribuem na superfície do material devido à repulsão mútua entre elas, de modo a mantê-las afastadas umas das outras a uma distância mínima no material.

Contudo, haviam aqueles que eram a favor da ideia, pois o choque não poderia ser sentido ao encostar no animal com um material isolante, mas poderia ser sentido ao encostar nele com um material condutor. choques fortes e sem atração, repulsa e faíscas visíveis,

Figura 14. Peixe Tremelga

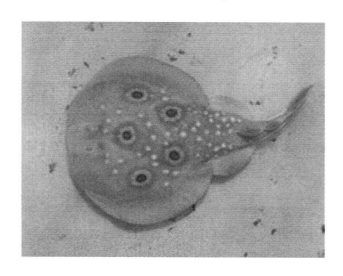

Fonte: Maria, P. (2013).

Mesmo desejando não se envolver no assunto, Cavendish foi obrigado a realizar suas pesquisas quanto a natureza do peixe elétrico, devido ao fato de Walsh tê-lo citado para defender sua hipótese, pois Cavendish havia trabalhado previamente com corpos de baixa eletrização. Dessa forma, Cavendish realizou a montagem de um peixe elétrico artificial, capaz de imitar o peixe elétrico, tendo órgãos elétricos alimentados pela garrafa de Leyden.

Segundo ele, as faíscas não eram observadas, pois os órgãos internos do peixe poderiam acumular fluido elétrico com uma atmosfera comprimida (ou positivamente carregada) na superfície dos tecidos membranosos, (o equivalente ao potencial na linguagem que usamos atualmente), de modo que esse fluido não contivesse uma grande quantidade de cargas elétricas, mas sim uma maior densidade de cargas (PICCOLINO E BRESADOLA, 2002, p.54).

A figura 15 abaixo mostra um modelo do peixe elétrico artificial montado por Cavendish. O Cientista veio a falecer em 24 de fevereiro de 1810, aos 79 anos, sendo enterrado na Igreja de Todos os Santos (WISNIAK, 2003, p.59).

Figura 15. Peixe Tremelga Artificial

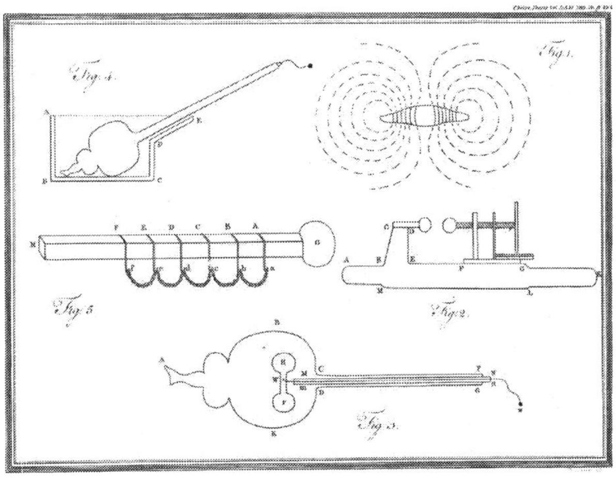

Fonte: Jardim e Guerra (2018).

2.9. Luigi Galvani (1737-1798)

Luigi Galvani nasceu em 9 de setembro de 1737, na Itália, na cidade de Bolonha, sendo filho do ourives Domenico Galvani e de Barbara Foshi, que era a quarta esposa de seu pai. Devido à influência de sua mãe, que era bastante religiosa, Galvani entrou para instituição religiosa de Orário dos Padri Filippini, onde estudou gramática e literatura.

Figura 16. Luigi Galvani

Fonte: Cajavilca, Varon e Sternbach (2009, p. 160).

Contudo, acredita-se que devido ao fato de a faculdade de medicina ser bastante engrandecida na época, e de a condição financeira da família de Galvani permitir que ao menos um de seus filhos entrasse para faculdade, Galvani foi instigado por sua família a largar o curso e entrar para Faculdade de Artes da Universidade de Bolonha em 1755 (CAJAVILCA; VARON; STERNBACH, 2009, p. 159). Após se formar em medicina, Galvani passou a trabalhar como professor na universidade, vindo a defender sua tese sobre ossos em 21 de junho de 1761. Um ano depois, Galvani se casou com Lucia Galeazzi (1743-1788), filha de Domenico, seu professor, passando a morar na casa de seu sogro junto de sua esposa, que durante sua vida, lhe ajudou em diversas de suas pesquisas. Após a morte de seu sogro, Galvani assumiu seu lugar na universidade como professor de anatomia e demonstrações de partes do corpo de seres vivos (BRESADOLA, 1998).

Todos os médicos na época acreditavam que a física e a química eram indispensáveis para medicina, e a ideia de se utilizar a eletricidade para o tratamento de doenças que não poderiam ser curadas da maneira tradicional se tornava cada vez mais defendida, principalmente ao serem observados os efeitos da eletricidade nos seres vivos, tais como contrações, aumento da respiração e aceleração dos batimentos cardíacos.

Galvani acreditava na existência de um tipo de "espírito animal", o qual seria produzido pelo cérebro e conduzido até os músculos, produzindo sensações. Em 1772, Galvani teve contato com um dos artigos do fisiologista suíço Albrecht von Haller (1708-1777), que relatava ter encontrado propriedades distintas nos seres vivos, das quais ele chamou de "irritabilidade" e "sensibilidade". Segundo ele, a irritabilidade seria a capacidade dos músculos de se contraírem ao serem estimulados, enquanto a sensibilidade consistia na sensação de dor sentida através de estímulos em determinadas partes do corpo, o que negava a existência de um espírito animal (BRESADOLA, 1998, p. 371).

Os médicos se dividiam inicialmente em dois grupos, aqueles que apoiavam a teoria de Haller e aqueles que acreditavam na existência de um espirito animal, mas devido às discussões cada vez mais frequentes quanto ao uso da eletricidade na medicina, além das contribuições de Henry Cavendish quanto à natureza do peixe elétrico, surgiram aqueles que acreditavam que realmente poderia existir um espírito animal, porém este seria de natureza elétrica. Galvani acreditava que o fluido elétrico seria gerado por meio do atrito entre o fluido sanguíneo com o cérebro e os nervos e, com base nisso, passou a realizar suas pesquisas estudando o corpo de alguns animais. Inicialmente, baseando-se na teoria de Haller, Galvani realizou testes com animais variados, produzindo estímulos externos sobre eles, tais como calor, choques e espetando com agulhas.

Desse modo, Galvani observou que a irritabilidade era correspondente à reação de todo corpo do animal, enquanto a sensibilidade era correspondente à dor em uma determinada parte do corpo do animal. Com o tempo, após diversos testes serem realizados, as rãs passaram a ser usadas mais frequentemente pelos experimentadores, devido ao fato destas manterem suas contrações musculares por mais tempo após morrer (BRESADOLA, 1998, p. 372).

Haller acreditava que se a eletricidade animal fosse real, ela seria conduzida pelos nervos e músculos. Contudo, segundo ele, o fluido apenas poderia ser conduzido pelos nervos caso estes se comportassem como fios condutores, e mesmo se comportassem dessa forma, não haveria uma diferença de cargas acumuladas em uma dada região para que estes fluidos fossem conduzidos até os músculos, e consequentemente, nenhuma contração muscular poderia ser produzida pela eletricidade animal.

Com base nisso, Galvani realizou testes quanto à condução do fluido elétrico nos animais. Para isso, ele isolou um sapo em uma placa de vidro, que se comportaria como um material isolante, e revestiu a medula espinhal e os tecidos que estavam ao redor dos nervos com um material isolante. Ao utilizar uma máquina eletrostática para descarregar choques sobre a medula espinhal, Galvani observou contrações no animal, mas isso não indicava como o fluido elétrico seria conduzido.

Contudo, após observar melhor os nervos do animal, Galvani percebeu que eles eram revestidos com um fluido oleoso, que poderia isolar os nervos do restante dos tecidos. Pouco tempo depois, foi publicado por ele o artigo *De Viribus Electricitatis in Motu Musculari Commentarius* (BRESADOLA, 1998, p. 371).

Em suas observações, Galvani concluiu que a eletricidade realmente poderia ser gerada pelo animal e conduzida pelos nervos, se acumulando nos músculos, assim como na garrafa de Leyden, provocando assim as contrações. Segundo ele, ao conduzir eletricidade no animal através de uma máquina eletrostática, a eletricidade se acumularia nos músculos, de modo que, ao conectar os músculos aos nervos com fios condutores, e perfurar o animal com um bisturi, as contrações poderiam ser observadas, devido ao descarregamento do fluido elétrico.

Sendo as ideias de Benjamin Franklin bastante difundidas em Bolonha, e tendo Galvani conhecimento de que a eletricidade gerada na atmosfera era da mesma natureza da eletricidade acumulada e liberada pela garrafa de Leyden, Galvani pendurou o corpo de uma rã com fios metálicos em um portão de ferro durante um dia chuvoso, visando verificar se os efeitos observados com a eletricidade artificial também seriam observados com a eletricidade atmosférica.

Desse modo, com a rã já pendurada em um portão de ferro, Galvani resolveu tocá-la com um bisturi, o que fez com que ele observasse algumas contrações musculares no animal. Tocando o animal novamente com o bisturi em um dia claro,

Galvani percebeu que os músculos do animal não se contraiam então cansado de esperar, ele apertou a espinha da rã contra o portão de ferro, observando novamente as contrações, o que comprovou que os efeitos observados não dependiam de nenhum tempo chuvoso ou máquina eletrostática (MARTINS, 1971, p.824).

Figura 17. Eletricidade animal

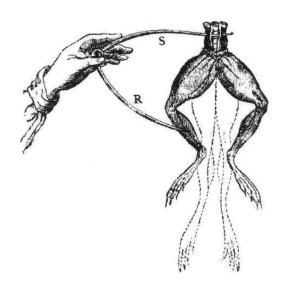

Fonte: Martins (1999, p. 824).

Segundo o que Galvani conhecia sobre as teorias de Franklin, para que o fluido elétrico fosse conduzido em uma garrafa de Leyden, seria necessário haver a presença de eletricidade positiva e negativa nas placas internas da garrafa. Desse modo, Galvani propôs que os músculos e os nervos do animal poderiam se comportar como as placas na garrafa de Leyden, onde estas apresentavam uma diferença de potencial (BRESADOLA, 1998, p. 373).

Diversos pesquisadores se sentiram ameaçados quanto à teoria de Galvani, de que haveria uma eletricidade gerada no próprio corpo do animal. Haller era um dos foram contra a teoria de Galvani, defendendo sua própria. Dentre aqueles que reproduziam os experimentos de Galvani, estava Alessandro Volta (1745-1827), que acreditava que as contrações observadas nos experimentos de Galvani na verdade se deviam à eletricidade gerada através de determinadas reações obtidas através dos metais que Galvani utilizava.

Galvani pode ser considerado uma pessoa de personalidade fechada, não interferindo tanto em controvérsias ou discussões. Sabe-se que, durante a controvérsia entre sua hipótese e a de Volta, Galvani pediu para que seu sobrinho atuasse como principal defensor da eletricidade animal, chegando até mesmo a realizar uma publicação anônima, denominada Trattato dell'Arco Conduttore. Galvani defendeu sua teoria até seus últimos dias de vida, chegando a escrever algumas notas no mesmo ano de sua morte, vindo a falecer na casa de seu irmão em 4 de dezembro de 1798 (CAJAVILCA; VARON; STERNBACH, 2009, p. 162).

2.10. Alessandro Giuseppe Antônio Anastásio Volta (1745-1827)

Alessandro Giuseppe Antônio Anastásio Volta nasceu em 18 de fevereiro de 1745, na cidade de Lombardia (atualmente conhecida por Como), na Itália, sendo filho dos nobres Filippo Maria Volta e Donna Maria Maddalena Volta. Ao perder seu pai com apenas sete anos, Volta se encontra na pobreza, devido aos gastos de seu pai dedicados à igreja católica, passando a morar com seu tio, recebendo apoio de sua família e da igreja para as despesas da vida e passando a ter sua formação inicial em um colégio jesuíta (PARTIN, 2001, P.541). Por muito tempo, durante sua infância, Volta foi visto como uma criança deficiente, por aprender a falar apenas aos quatro anos, mas no decorrer de sua vida, desenvolveu um contínuo interesse pelo aprendizado. Embora sua família fosse bastante religiosa, Volta não desejava seguir os passos de sua família, chegando a afirmar que não poderia seguir seu sonho como pesquisador enquanto fosse crente na religião (OLIVEIRA, 2014, p 8).

Figura 18. Alessandro Volta

Fonte: Boni (2007).

Enquanto morava com seu tio, Volta recebeu itens escolares de amigos de sua família, passando a estudar por conta, enquanto estudava no colégio jesuíta. Após ser educado por seus tios até os quatorze anos, Volta começou a estudar em um internato, onde ele era pressionado a se tornar padre. Contudo, sua família o retirou da escola, o que fez com que Volta estudasse no Seminário de Benzi até os 18 anos. Inicialmente Volta concordou com os desejos de sua família, visando entrar para o sacerdócio, passando a estudar brevemente a lei, mas logo depois acabou por se dedicar ao estudo das ciências naturais. Embora não tivesse um diploma, ou tivesse defendido uma tese, devido ao apoio do Governador de Lobardia Carlo di Firmiam, Volta passou a trabalhar como professor substituto, chegando a se tornar professor regente de Física Experimental nas escolas de Como (PARTIN, 2001, P.541). Volta lecionou para o padre Giulio Cesare Gattoni (1741-1809), que compartilhava o mesmo desejo pelo estudo das ciências naturais, chegando a providenciar apoio financeiro a Volta em suas investigações científicas, além de ajudá-lo com seus experimentos em um laboratório muito bem equipado que tinha em sua casa.

Volta tinha grande estima pelos trabalhos de Jean-Antoine Nollet (1700-1770) e de Giovanni Batista Beccaria (1716-1781), chegando até mesmo a enviar uma carta em 1763 para ambos. A carta enviada para Nollet resumia todo conhecimento quanto as propriedades elétricas desenvolvido até o momento, enquanto na carta enviada para Beccaria, Volta retratava os efeitos observados ao atritar determinados materiais, além de montar uma escala entre os materiais que ele analisou. Volta também enviou sua dissertação *Della Forza Attrattiva del Fuoco Elettrico e dei Fenomeni che ne Dipendono* para Giovanni Batista Beccaria (1716-1781) em 1769 (BONI, 2007, p.20).

Possuindo um conhecimento aprofundado quanto ao estudo da eletricidade desenvolvido até o momento, Volta publicou seu primeiro artigo em 1769, no qual afirmava que todos os corpos possuíam fluido elétrico em equilíbrio em seus interiores, o que lhe permitiu ingressar como professor de física na Escola Real de Como cinco anos depois. Seu trabalho como professor em Como prosseguiu até 1779, pouco tempo depois de ele ter inventado o eletróforo (electrophorus) em 1775, um experimento que permitia o armazenamento do fluido elétrico. O experimento consistia em duas placas circulares, uma isolante, eletrizada por atrito, e outra metálica, composta por um cabo isolante em seu centro.

Ao encostar a superfície da placa metálica na placa isolante, a placa metálica é carregada com carga elétrica oposta àquela presente na placa isolante, de modo que, ao levantar a placa metálica, gera-se uma diferença de potencial entre as duas, sendo possível observar até mesmo pequenas fagulhas elétricas (OLIVEIRA, 2014, p 8). Sendo as descargas provenientes da garrafa de Leyden muito rápidas, o eletróforo permitiu aos cientistas analisarem mais facilmente as propriedades elétricas. A figura 18 mostra um modelo do eletróforo desenvolvido por Volta.

Figura 19. Eletróforo

Fonte: Farias (2005).

Devido à fama adquirida por seu experimento, em 1779 Volta foi convidado pelo Conde Leopold Anton von Firmian (1679-1744) a lecionar a matéria de física natural na Universidade de Pávia, onde Volta se voltou ao estudo dos gases.

Outro experimento desenvolvido por Volta foi o eletrômetro de palha, que permitia a medição de pequenas quantidades de eletricidade. O eletrômetro de palha consiste em um recipiente de vidro contendo um fio condutor que atravessa sua superfície até seu interior, onde fica em contato com duas palhas. Com o condutor descarregado, as placas ficam em uma posição vertical, decorrente da gravidade. Ao encostar um corpo eletrizado do condutor localizado na parte de cima do vidro, ambas as palhas se repelem em um ângulo proporcional à intensidade das cargas elétricas (OLIVEIRA, 2014, p 8).

Outro experimento desenvolvido por Volta foi o eletrômetro de palha, que permitia a medição de pequenas quantidades de eletricidade. O experimento consiste de um recipiente de vidro contendo um fio condutor que atravessa sua superfície superior até o seu interior, onde fica em contato com duas palhas. Com o condutor descarregado, as palhas ficam na posição vertical, mas ao encostar um corpo eletrizado do condutor localizado na parte de cima do vidro, ambas as palhas se repelem em um ângulo proporcional à intensidade das cargas elétricas. A figura 19 mostra um modelo deste experimento desenvolvido por Volta (OLIVEIRA, 2014, p 8).

Figura 20. Eletrômetro

Fonte: Farias (2005).

Durante a época em que realizava suas pesquisas quanto ao estudo da eletricidade, Volta teve contato com uma cópia dos trabalhos publicados por Luigi Galvani, onde ele relatava que, segundo suas análises, ao estudar as contrações musculares geradas nas rãs devido a descargas elétricas, a eletricidade poderia ser intrínseca ao corpo dos seres vivos, sendo esta uma espécie de eletricidade animal. Volta se sentiu encantado quanto aos trabalhos de Galvani e tentou reproduzi-los, analisando as condições às quais o experimento de Galvani estava sujeito, verificando a temperatura do ambiente, as dimensões e tipos de materiais utilizados entre outros. Após algum tempo fazendo suas devidas verificações, Volta passou a suspeitar dos metais utilizados por Galvani ao conectar a espinha aos músculos do animal, e os metais utilizados para suspendê-lo.

Com base nisso, Volta testou diferentes metais, utilizando inicialmente um único tipo, e logo depois combinações deles nos experimentos de Galvani, imaginando que os metais teriam o papel de conduzir pequenas correntes elétricas pelo músculo do animal. Inicialmente, Volta acreditava que, se os metais estivessem conduzindo a eletricidade, o uso de um único tipo de metal seria mais eficiente, mas ao colocar dois metais distintos em sua língua, ele sentiu uma fraca descarga elétrica, o que o levou a suspeitar que talvez os metais estariam reagindo entre si de alguma forma. Dessa forma, ao testar metais distintos, na tentativa de se obter tensões maiores, ele observou que a fraca tensão produzida não dependeria do formato do material, mas unicamente do fato destes materiais testados serem metais e de quais metais ele estaria utilizando. Ele chegou a observar que a corrente elétrica fluía, por exemplo, do zinco para prata, caso ambos estivessem juntos. Pouco tempo depois, Volta enviou três cartas para o professor Friedrich Albert Carl Gren (1760-1798), em que, segundo a carta, ele teria criado uma escala para diferentes combinações de metais, sendo um dos extremos de sua lista o zinco (BONI, 2007, p.39).

Ao finalizar seu modelo experimental, Volta montou uma cadeia de placas metálicas alternadas, seguidos de zinco e cobre, tendo entre eles um tecido humedecido com ácido sulfúrico, para conduzir a eletricidade e, nas extremidades das placas, ele conectou um fio, de modo a produzir pequenas faíscas na extremidade deste fio (VIDAL e PORTO, 2007).

A pilha de Volta foi enunciada pela primeira vez em 26 de junho de 1800, quando Volta enviou uma carta para Joseoh Banks (1743-1820), presidente da Royal Society em Londres. A figura abaixo mostra dois modelos experimentais desenvolvidos por Volta.

O segundo é o modelo já retratado anteriormente, onde ele utilizava os metais alternados contendo um tecido humedecido com ácido sulfúrico entre eles, e o primeiro é conhecido como pilha de taças, criado por Volta, em que um conjunto de placas de zinco são ligadas a placas de cobre através de fios, estando os metais mergulhados em um líquido. Segundo Volta, com dois metais em contato múltuo, um destes atrairia a eletricidade contida no outro, deixando um com mais cargas e o outro com menos (BONI, 2007, p.39).

Figura 21. Pilha de Volta

Fonte: Boni (2007).

Segundo Volta, as contrações observadas por Galvani, na verdade dependeriam dos metais utilizados por ele, ou seja, segundo ele a eletricidade não era intrínseca ao corpo dos seres vivos. Embora Volta não aceitasse a teoria de Galvani quanto à existencia de uma eletricidade animal, ele concordava com a capacidade do peixe elétrico de produzir descargas elétricas.

A contribuição de Volta para ciência lhe proporcionou muita fama, o que lhe permitiu ser convocado a ir até París pela Academia Francesa de Ciências, para que ele demonstrasse seus experimentos. Volta recebeu a medalha de "Honra da Legião" entregue pelo próprio Napoleão Bonaparte, juntamente com 6 mil liras e uma bolsa de 3 mil liras, além de ser homenageado com a unidade "Volt" (relacionada à unidade de tensão utilizada até os dias de hoje), pelo Congresso Nacional de Eletricidade.

Ele também adquiriu a posição de membro da Royal Society de Londres em 1791, juntamente com a medalha de Copley pela instituição. Após a queda de Napoleão, Volta adquiriu a posição de diretor da faculdade de filosofia da Universidade de Pádua, oferecida pelo imperador austríaco em 1819. Após ter realizados grandes contribuições, Volta veio a falecer em 1827 em sua cidade natal (PARTIN, 2001, P.542).

3. Considerações Finais

Os fenômenos elétricos desde sempre atraíram a atenção de pesquisadores quanto às suas propriedades, sendo a base para o entendimento do nosso mundo moderno. Contudo, este entendimento que se tem hoje foi construído a partir de um vasto processo de pesquisas, que partiram de ideias que podem ser consideradas intuitivas a princípio, mas que, ao serem refutadas ou questionadas, tornaram-se a base para pesquisas, que aos poucos foram se moldando em novos conhecimentos. Neste trabalho, foram analisados diversos materiais relacionados às contribuições no campo da eletricidade durante um determinado tempo, bem como a vida de cada grande nome, como suas pesquisas foram realizadas e o que levou ao início destas pesquisas.

Visto que neste trabalho foi efetuada a criação de um material que interliga as diversas contribuições quanto ao desenvolvimento de conhecimentos referentes ao estudo da eletricidade durante o decorrer da história em um único documento, podendo ser utilizado como forma de apoio para o ensino da eletricidade além de auxiliar em futuras pesquisas quanto ao tema específico referente à história da eletricidade, o objetivo do trabalho foi cumprido, já que esta era a proposta inicial. No decorrer da pesquisa, foram encontrados poucos materiais que relacionem diversas contribuições em meio ao seu contexto histórico, porém, estas contribuições não eram apresentadas de forma aprofundada. Além disso, a maioria dos materiais disponíveis na internet foram encontrados na língua do indivíduo pesquisado, o que dificulta a pesquisa quanto a materiais na língua portuguesa.

Embora o método de pesquisa utilizado neste trabalho pareça fácil a princípio, a tarefa de se pesquisar todos os materiais possíveis de serem encontrados na internet, analisa-los a fundo, de modo a recolher todas as informações possíveis e compara-las, visando obter uma maior veracidade nas informações é uma tarefa difícil, viso que não é possível ter acesso as fontes originais na língua portuguesa por meio da internet. Além disso, diversos nomes contribuintes da história da eletricidade não foram encontrados de forma aprofundada, o que fez com que estes materiais fossem descartados durante o decorrer da pesquisa.

Contudo, conhecer um pouco sobre a história da eletricidade possibilitou entender um pouco melhor como os conhecimentos atuais, que por muitas vezes parecem intuitivos foram desenvolvidos. A pesquisa também possibilitou entender um pouco sobre como os métodos de pesquisa científica se desenvolveram no decorrer da história, proporcionando um maior entendimento quanto às dificuldades do experimentador na realização de seu trabalho durante o decorrer da história.

Referências Bibliográficas

AMARAL, J. S. M. **Vamos falar da história da história da Eletricidade?? Stephen Gray**. Disponível em: <http://fisicacrush.blogspot.com/2018/02/vamos-falar-da-historia-da-pesquisa.html/>. Acesso em: 24 set. 2018

ARCA, A. **Van Musschenbroek, Petrus (1692-1761)**. Disponível em: <www.histel.com/z_histel/biografias.php?id_nombre=85>. Acesso em: 3 nov. 2018.

BONI, R. S. **A Pilha de Alessandro Volta (1745-1827):** Diálogos e Conflitos no Final do Século XVIII e INÍCIO do Século XIX. 2007. 115 f. Dissertação (Mestrado) - Curso de História da Ciência, Pontifícia Universidade Católica de São Paulo, São Paulo, 2007.

BOS, C. **Francis Hauksbee – Inventor**. Disponível em: <https://www.awesomestories.com/asset/view/Francis-Hauksbee-Inventor>. Acesso em: 15 ago. 2018.

BOSS, S. L. B; ASSIS, A. K. T; CALUZI, J. J. **Stephen Gray e a Descoberta dos Condutores E Isolantes, Tradução Comentada de seus Artigos sobre Eletricidade e Reprodução de Principais Experimentos**. São Paulo: Unesp, 2012. 461p.

BRESADOLA, M. HISTORY OF NEUROSCIENCE: Medicine and science in the life of Luigi Galvani (1737–1798). **Elsevier Science**, Bolonha, v. 45, n. 5, p.367-380, 27 jan. 1998. Disponível em: <http://marcopiccolino.org/historical_articles/Galvani_Life_Bresadola.pdf>. Acesso em: 30 nov. 2018.

BRITO, G.; HUGO, G.; PALOMA, M.; HENRIQUE, P. **A Guerra dos Trinta anos –** A primeira guerra moderna. Disponível em: <http://www.biuvicente.com/site/?p=120>. Acesso em: 25 set. 2018.

BRUNDTLAND, T. **Francis Hauksbee and his Air Pump**. 2012. 20 f. Monografia (Especialização) - Curso de História, Departamento de História e Estudos Religiosos, Universidade de Tromson, Noruega, 2012. Disponível em:

<http://rsnr.royalsocietypublishing.org/content/roynotesrec/66/3/253.full.pdf>. Acesso em: 27 set. 2018.

CAJAVILCA, C.; VARON, J.; STERNBACH, G. L. Luigi Galvani and the foundations of electrophysiology. **Elsevier**, Houston, p.159-162, 1 fev. 2009. Disponível em: <https://www.researchgate.net/publication/23626764_Resuscitation_great_Luigi_Galvani_and_the_foundations_of_electrophysiology/download>. Acesso em: 02 dez. 2018.

CARNEIRO, N. M. **Imagens da História da Eletro-neuro-estimulação. Parte 1. Das origens ao século 20.** Disponível em: <http://acupunturacontemporanea.blogspot.com/2007/12/imagens-da-histria-da-eletroestimulao_10.html>. Acesso em: 27 set. 2018.

CARVALHO, A. M. P. **Um Estudo sobre a Evolução das Noções de Estudantes sobre Espaço, Forma e Força Gravitacional do Planeta Terra**. Disponível em: <http://www.if.ufrgs.br/public/ensino/N2/nardi.htm>. Acesso em: 30 set. 2018.

DUCHEYNE, S. PETRUS VAN MUSSCHENBROEK (1692-1761) ON THE SCOPE OF PHYSICA AND ITS PLACE WITHIN PHILOSOPHIA. **Revista de Historia de la Medicina y de la Ciencia**, Bruxelas, p.1-15, 02 dez. 2014. Disponível em: < http://dx.doi.org/10.3989/asclepio.2016.02>. Acesso em: 30 set. 2018.

FALCONER, I. Editing Cavendish: Maxwell and The Electrical Researches of Henry Cavendish. University of St Andrews. **Falconer, 'Editing Cavendish'**. Disponível em <https://arxiv.org/ftp/arxiv/papers/1504/1504.07437.pdf>: April 2015. Acesso em: 23 nov. 2018.

FARIAS, P. A. M. Alessandro Volta: o precursor da bateria elétrica. **Creative Commoms – PUC-RJ.** Disponível em: <http://web.ccead.puc-rio.br/condigital/mvsl/linha%20tempo/Volta/pdf_LT/LT_volta.pdf> Acesso em 4 de dezembro de 2018.

FEIJÓ JUNIOR, L. A. **A História do Desenvolvimento das Máquinas Eletrostáticas como Estratégia para o Ensino de Conceitos de Eletrostática.** 2008. 54 f. Monografia (Especialização) - Curso de Licenciatura em Física, Pontifícia Universidade Católica do Rio Grande do Sul, Porto Alegre, 2008. Disponível em:

<http://revistaseletronicas.pucrs.br/ojs/index.php/graduacao/article/viewFile/4122/312
3>. Acesso em: 25 set. 2018.

FOWLER, M. **Historical Beginnings of Theories of Electricity and Magnetism**. Disponível em: <http://galileo.phys.virginia.edu/classes/109N/more_stuff/E&M_Hist.pdf>. Acesso em: 30 set. 2018.

FRITZ, K. **Otto von Guericke. (Erträge der Forschung, 87) Darmstadt**. VII, 199 Seiten. Marburgo: Wissenschaftliche Buchgesellschaft Darmstadt,1978. 161p.

GAFFNEY, J. S; MARLEY, N. A. HENRY CAVENDISH (1731-1810): HIS CONTRIBUTIONS AND LINKS TO ATMOSPHERIC SCIENCE. **Argonne National Laboratory**, Illinois, p. 1-3, 2005.

GERALDO, M. S. V. **Experimentos de Eletrostática de baixo custo para o Ensino Médio**. 26 de novembro de 2005. Relatórios de F809. Soares, L. C. Heliocentrismo. Disponível em: <https://www.suapesquisa.com/o_que_e/heliocentrismo.htm> Acesso em: 30 set. 2018.

GOMBRICH, E. H. J. **Uma pequena história do mundo.** Londres: Tinta da China, 2009. 340 p. Tradução de Raquel Mouta ilustrações de Vera Tavares. Disponível em: <http://www.tintadachina.pt/pdfs/23420e6ae7cf5eaab54a34883f15f2c4-inside.pdf>. Acesso em: 25 set. 2018.

GORDEJUELA, L. M. R. **William Gilbert, un hombre con magnetismo**. 2014. Disponível em <https://naukas.com/2014/05/27/william-gilbert-un-hombre-con-magnetismo/> Acesso em: 6 dez. 2018.

GUIMARAES, A. P. Os 400 anos do De magnete. **Centro Brasileiro de Pesquisas Físicas**, Rio de Janeiro, v. 28, p.74-77, 01 dez. 2000. Disponível em: <http://www.cbpf.br/~labmag/apg.pdf>. Acesso em: 30 set. 2018.

JACINTO, V. M. M. **"Laboratório" de eletricidade e magnetismo – uma abordagem prática de alguns conceitos de eletricidade e de magnetismo na sala de aula.** 2017. 105 f. Dissertação (Mestrado) - Curso de Licenciatura em Ensino de Física e Química, Faculdade de Ciências e Tecnologia, Lisboa, 2017. Disponível em:

<https://run.unl.pt/bitstream/10362/29906/1/Jacinto_2017.pdf>. Acesso em: 13 dez. 2018.

JARDIM, T. W. GUERRA, A. Práticas científicas e difusão do conhecimento sobre eletricidade no século XVIII e início do XIX: possibilidades para uma abordagem histórica da pilha de volta na educação básica. **Rev. Bras. Ensino Fís.** São Paulo, v.40, n.   3, Abr.   2018.   Disponível   em: <http://www.scielo.br/scielo.php?script=sci_arttext&pid=S1806-11172018000300703&lng=en&nrm=1&tlng=pt>. Acesso em: 24 nov. 2018.

JOSHI, T. **Francis Hauksbee.** Disponível em: <https://alchetron.com/Francis-Hauksbee>. Acesso em: 15 ago. 2018.

KRAFFT, F. **Otto von Guericke in seiner Zeit.** Marburgo: Vdi-verlag, 1996. 60 p. Editado   por   Fritz   Krafft.   Disponível   em: <https://www.researchgate.net/publication/256436660_Fritz_Krafft_Otto_von_Guericke_in_seiner_Zeit>. Acesso em: 27 set. 2018.

KRIDER, E. Philip. Benjamin Franklin and Lightning Rods Benjamin Franklin and Lightning Rods. **Physics Today**, Arizona, p.42-48, jan. 2006. Disponível em: <https://www.researchgate.net/publication/252517329_Benjamin_Franklin_and_Lightning_Rods>. Acesso em: 19 nov. 2018.

KRYZHANOVSKIĬ, L. N. Pieter van Musschenbroek (on the tercentenary of his birth). **Soviet Physics Uspekhi,** Maryland, v. 34, n. 3, p. 265-268, March. 1991. Disponível   em: <http://iopscience.iop.org/article/10.1070/PU1991v034n03ABEH002355/pdf>. Acesso em: 01 out. 2018.

LIENHARD, J. **Gases and Force**. Disponível em: <http://www.uh.edu/engines/CD-RainSteamSpeed/track7.html>. Acesso em: 27 set. 2018.

MANNARA, B. **Internet Archive: como usar o site que é o 'baú da web'.** Disponível   em   <https://www.techtudo.com.br/dicas-e-tutoriais/noticia/2015/05/internet-archive-como-usar-o-site-que-e-o-bau-da-web.html> Acesso em: 3 nov. 2018.

MARTINS, R. de A. Alessandro Volta e a invenção da pilha: dificuldades no estabelecimento da identidade entre o galvanismo e a eletricidade. **Acta Scientiarum**, Campinas, v. 21, n. 4, p.823-835, 1999. Disponível em: <http://periodicos.uem.br/ojs/index.php/ActaSciTechnol/article/view/3079>. Acesso em: 02 dez. 2018.

Maria, P. **Aventura Creoula [4]: As espécies marinhas do mar algarvio**. Disponível em <visao.sapo.pt/ambiente/opiniaoverde/aexpansoportugalseculoxxi/aventura-creoula-4-as-especies-marinhas-do-mar-algarvio=f738147> Acesso em 10 de novembro de 2018

MENDONÇA, M. do C. N. F. **A História da Eletricidade no Século XVIII e o Ensino de Física**. Dissertação apresentada à Faculdade de Ciências e Tecnologia da Universidade de Coimbra para apreciação em provas de Mestrado em Ensino de Física e da Química, Coimbra 2007. Acesso em: 19 nov. 2018.

MILCENT, P. F. **Benjamin Franklin para Professores**. Edição do autor, 2007. Disponível em: < http://www.paulfmilcent.net/Livro%2001.pdf> Acesso em: 19 nov. 2018.

MILLIKAN, R. A. BENJAMIN FRANKLIN As a Scientist. **ENGINEERING AND SCIENCE MONTHLY**, Philadelphia, v. 1, p.7-18, dez. 1943.

NAUKOWE, W. **Guericke Otto von, Experimenta nova (ut vocantur) Magdeburgica de vacuo spetiis**. Disponível em: <https://encyklopedia.pwn.pl/haslo/Guericke-Otto-von-Experimenta-nova-ut-vocantur-Magdeburgica-de-vacuo-spetiis-1672-rysunek-przedstawiajacy-pierwsze-proby-otrzymania-prozni;4742623.html#prettyPhoto>. Acesso em: 27 set. 2018.

OLIVEIRA, H. N. **Trabalho de Física:** Alessandro Volta. 2014. 15 f. TCC (Graduação) - Curso de Licenciatura em Física, E. E. E. F. M. "coronel Olímpio Cunha", Cariacica, 2014.

PARTIN, C. Profiles in Cardiology: Alessandro Volta. **Scandinavian Cardiovascular Journal.** Atlanta, p. 541-543. 12 nov. 2001. Disponível em: < https://onlinelibrary.wiley.com/doi/epdf/10.1002/clc.4960251112> Acesso em: 14 dez. 2018.

PICCOLINO, M. BRESADOLA, M. Drawing a spark from darkness: John Walsh and electric fish. **TRENDS in Neurosciences**. p. 51-57.2002, Vol 21, n 1. Disponível em: < https://www.sciencedirect.com/science/article/pii/S0166223600020038>.Acesso em: 19 nov. 2018.

QUINTAL, J. R; GUERRA, A. A história da ciência no processo ensino-aprendizagem. **Física na Escola**, Rio de Janeiro, v. 10, n. 1, p.21-25, 2009. Disponível em: <http://www.sbfisica.org.br/fne/Vol10/Num1/a04.pdf>. Acesso em: 14 dez. 2018.

RODERICK W. H. **Francis Hauksbee's Theory of Electricity.** Bloomington: Archive For History Of Exact Sciences, 22 dez. 1966. Anual. Disponível em: <https://link.springer.com/content/pdf/10.1007/BF00412960.pdf>. Acesso em: 27 set. 2018.

SCHIMANK, H. F. W. E. Otto von Guericke. **Die Naturwissenschaftendie**, Hamburgo, v. 15, n. 1, p. 397-403, nov. 1952. Disponível em: <https://link.springer.com/content/pdf/10.1007/BF00597076.pdf>. Acesso em: 26 set. 2018.

SEITZ, F. Henry Cavendish: The Catalyst for the Chemical Revolution. **The Royal Society**: FOREWARD, New York, p. 175-199, maio 2005. Disponível em: <http://rsnr.royalsocietypublishing.org/content/59/2/175>. Acesso em: 24 nov. 2018.

SILVA, C. C. **BENJAMIN FRANKLIN E A HISTÓRIA DA ELETRICIDADE EM LIVROS DIDÁTICOS**. Instituto de Física de São Carlos – Universidade de São Paulo, 2007. Disponível em <http://www.ifsc.usp.br/~cibelle/arquivos/T0150-1.pdf>. Acesso em 5 de novembro de 2018.

SILVA, D. de M. **A natureza tem horror ao vácuo?** Uma reflexão sobre o estabelecimento do peso do ar e a definição de pressão atmosférica. 2013. 50 f. Monografia (Especialização) - Curso de Licenciatura em Física, Universidade Estadual de Maringá, Maringá, 2013.

SMITH, G. S. Benjamin Franklin and the dissectible capacitor: his observations might surprise you. **European Journal of Physics**. Eur. J. Phys. 38 065202. 2017. Disponível em: < http://iopscience.iop.org/article/10.1088/1361-6404/aa854d/pdf>Acesso em: 18 nov. 2018.

STRUTTS, B. **Stephen Gray's Contribution To The World**. Disponível em: <https://tackyraccoons.com/2014/08/14/stephen-grays-contribution-to-the-world/>. Acesso em: 16 set. 2018.

TRINDADE, D. F. História da Ciência: uma possibilidade interdisciplinar para o ensino de ciências no Ensino Médio e nos cursos de formação de professores de ciências. **Revista Brasileira de História da Ciência**, Rio de Janeiro, v. 4, n. 2, p. 257-272, dez. 2011.

VIDAL, P. H. O; PORTO, P. A. A pilha de Volta em livros didáticos de química: algumas considerações. **Sociedade Brasileira de Química (SBQ)**, São Paulo, 2007. Disponível em: < http://sec.sbq.org.br/cdrom/32ra/resumos/T1722-1.pdf>. Acesso em: 8 dez. 2018.

WILLIAM, B. J. The Origins of Positive and Negative in Electricity. **Journal of Chemical Education**. J. Chem. Educ, 2005, 82, 988. Disponível em: <http://www.che.uc.edu/jensen/w.%20b.%20jensen/reprints/125.%20Positive%20&%20Negative.pdf >.Acesso em: 19 nov. 2018.

WISNIAK, J. Henry Cavendish. **Educación Química**, Beer-sheva, p.59-70, 27 jun. 2003. Disponível em: <https://www.researchgate.net/publication/236235475_Henry_Cavendish>. Acesso em: 23 nov. 2018.

ZÚÑIGA, P. **La máquina de Otto von Guericke**. Disponível em: <https://instalacioneselctricasresidenciales.blogspot.com/2010/09/la-maquina-de-otto-von-guericke.html>. Acesso em: 27 set. 2018.

Printed in Great Britain
by Amazon

30054614R00036